essentials

essentials liefern aktuelles Wissen in konzentrierter Form. Die Essenz dessen, worauf es als „State-of-the-Art" in der gegenwärtigen Fachdiskussion oder in der Praxis ankommt. *essentials* informieren schnell, unkompliziert und verständlich

- als Einführung in ein aktuelles Thema aus Ihrem Fachgebiet
- als Einstieg in ein für Sie noch unbekanntes Themenfeld
- als Einblick, um zum Thema mitreden zu können

Die Bücher in elektronischer und gedruckter Form bringen das Expertenwissen von Springer-Fachautoren kompakt zur Darstellung. Sie sind besonders für die Nutzung als eBook auf Tablet-PCs, eBook-Readern und Smartphones geeignet. *essentials:* Wissensbausteine aus den Wirtschafts-, Sozial- und Geisteswissenschaften, aus Technik und Naturwissenschaften sowie aus Medizin, Psychologie und Gesundheitsberufen. Von renommierten Autoren aller Springer-Verlagsmarken.

Weitere Bände in der Reihe http://www.springer.com/series/13088

Michael Rassinger ·
Quirin Graf Adelmann

Empfehlungsmarketing

Netzwerkaufbau und Umsatzsteigerung leicht gemacht

Michael Rassinger
Die Wortmacher GmbH
Berlin, Deutschland

Quirin Graf Adelmann
Rumford Partners GmbH
Berlin, Deutschland

ISSN 2197-6708 ISSN 2197-6716 (electronic)
essentials
ISBN 978-3-658-29306-2 ISBN 978-3-658-29307-9 (eBook)
https://doi.org/10.1007/978-3-658-29307-9

Die Deutsche Nationalbibliothek verzeichnet diese Publikation in der Deutschen Nationalbibliografie; detaillierte bibliografische Daten sind im Internet über http://dnb.d-nb.de abrufbar.

Planung/Lektorat: Barbara Roscher
Springer Gabler ist ein Imprint der eingetragenen Gesellschaft Springer Fachmedien Wiesbaden GmbH und ist ein Teil von Springer Nature.
Die Anschrift der Gesellschaft ist: Abraham-Lincoln-Str. 46, 65189 Wiesbaden, Germany

Was Sie in diesem *essential* finden können

- Was ist Empfehlungsmarketing – Definition und Potenziale
- Voraussetzungen für strategisches Empfehlungsmarketing
- Unternehmerische Umfeldanalyse
- Mehrwert durch Empfehlungsmarketing
- Zahlreiche Praxisbeispiele

Vorwort

Gehen Ihnen die zahllosen Seminare, Webinare und Coachings zur Neukundengewinnung auch auf den Geist? Über Social Media wird mit Videos und Verkaufstexten suggeriert, dass man sich Neukunden so einfach besorgen könne wie ein Brötchen bei einem durchgehend geöffneten Aufbackbetrieb. Für einige Produkte mag das tatsächlich gelten, für viele Produkte und Dienstleistungen ist das aber zu kurz gedacht.

Die meisten Unternehmen, die sich über Jahre im Markt behaupten, sind nicht deshalb erfolgreich, weil sie den Trends des Online Marketings folgen, sondern weil sie einen eigenen Trend definiert haben: Sie werden von Kunden und Geschäftspartnern weiterempfohlen. Die Empfehlung hat in unserer schnelllebigen und mit Reizen überfluteten Welt einen hohen Stellenwert, der durch Web 2.0 und Social Media auf digitaler Ebene weiter befeuert wird. Man denke nur an die zahlreichen Bewertungsmöglichkeiten, die Unternehmen heutzutage online geboten werden.

Dennoch ist das strategische Empfehlungsmarketing im B2B-Bereich längst noch nicht flächendeckend in Deutschland angekommen. Viele Unternehmerinnen und Unternehmer unterschätzen dieses Marketinginstrument, weil sie es nicht ausreichend kennen, nicht damit umgehen können oder schlichtweg für ungeeignet halten.

Mit diesem *essential* geben wir Ihnen Einblick in die Anwendung von Empfehlungsmarketing aus unserer eigenen Praxis als Unternehmer. Wir erklären und zeigen, welche Voraussetzungen für erfolgreiches Empfehlungsmarketing gelten, warum Sie nicht darauf verzichten sollten und wie Sie es am besten ein- und umsetzen.

Wir zeigen Ihnen nicht, wie Sie in kurzer Zeit und mit minimalem Aufwand reich werden können. Das sollen diejenigen tun, die anderen gegen Geld erzählen, wie man in kurzer Zeit und mit minimalem Aufwand reich wird, um dabei selbst reich werden – oder zumindest den Anschein zu erwecken, reich zu sein.

Sie erhalten stattdessen wertvolle Tipps und Praxisbeispiele, wie Sie Schritt für Schritt und ökonomisch nachhaltig Empfehlungsmarketing einsetzen, um Ihren Umsatz mit den richtigen Kunden zu steigern. Marketing über Empfehlungen ist nicht alles, kann aber zum wichtigsten Pfeiler Ihrer Marketingstrategie werden. Erfahren Sie mehr und entscheiden Sie selbst, ob Empfehlungsmarketing das Zeug hat, Sie zum Gewinner zu machen.

Berlin, Deutschland

Michael Rassinger
Quirin Graf Adelmann

Inhaltsverzeichnis

Die Geschichte des Empfehlens 1

Eigentlich sollte dieses Kapitel „Geschichten des Empfehlens" heißen, weil wir uns sicher sind, dass Empfehlen eine uralte und natürliche Tradition ist. Oder können Sie sich eine Welt vorstellen, in der Menschen andere Menschen nicht um Rat fragen? Eine Empfehlung ist im Grunde nichts anderes als ein Ratschlag, der auf eine konkrete Frage Bezug nimmt oder eigeninitiativ als nützlich für den anderen erkannt und gegeben wird. Da wir nicht allwissend sind und ab und an gern eine Rückversicherung brauchen, verlassen wir uns gerne auf Empfehlungen anderer Menschen.

Machen wir einen Abstecher in das erste Jahrhundert vor Christus: Marcus Tullius Cicero will Konsul in Rom werden, kann aber keine aristokratische Abstammung vorweisen – schlechte Voraussetzungen für eine Wahl. Sein jüngerer Bruder Quintus Tullius schreibt ihm als Hilfestellung einen Ratgeber für den Wahlkampf – eine Sammlung von **Empfehlungen,** die Cicero dabei helfen sollen, das begehrte Amt als Konsul zu erringen. Das Vorhaben gelingt, die Tipps von Ciceros Bruder – darunter „Umgib dich mit den richtigen Leuten" – haben im Kontext von Wahlen auch heute noch Gültigkeit (Freeman 2012).

In den Übergang zur Jahrtausendwende im Jahr 0 fällt auch die Entstehung der Ars Amatoria (dt. „Die Liebeskunst") des römischen Dichters Ovid (1 v. Chr. bis 4 n. Chr.). In Gedichtform werden Empfehlungen gegeben, wie und wo Männer Frauen (und umgekehrt) kennenlernen, für sich einnehmen und auf Dauer halten können. Der Dichter gibt sich in seinem Werk als charmanter Plauderer, der Empfehlungen an seine Leserinnen und Leser ausspricht. Ovid betritt in dem, was er schildert, zwar kein Neuland, schafft aber eine unterhaltsame Sammlung zwischenmenschlicher Literatur in Form von Liebesgedichten.

In beiden Beispielen werden zwei Arten von Empfehlungen deutlich: die personalisierte und die unpersonalisierte Empfehlung. Während sich Ovid mit seinem Sammelsurium von Empfehlungen an ein breites und namenloses Publikum

M. Rassinger und Q. Graf Adelmann, *Empfehlungsmarketing,* essentials,
https://doi.org/10.1007/978-3-658-29307-9_1

richtet, schreibt Quintus Tullius Cicero explizit für seinen Bruder. Wahrscheinlich hätte er sich zum Zeitpunkt des Entstehens seines Empfehlungsbüchleins nicht träumen lassen, dass die Fakten mehr als 2000 Jahre später kein bisschen von ihrer Relevanz eingebüßt haben.

Bisher haben wir es mit Empfehlungen zu tun, die zwar auf verschiedene Weise nützlich sein können, aber keinen ökonomischen Mehrwert für den Adressaten bedeuten. Lassen Sie uns deshalb ins 19. Jahrhundert nach Paris springen. Aristide Cavaillé-Coll gilt zweifellos als der bedeutendste Orgelbauer Frankreichs, wenn es um die französisch-romantische Orgel geht. Seine Verbesserungen und Innovationen im Orgelbau machten es möglich, große sinfonische Instrumente zu bauen und spielbar zu machen. Zu den bekanntesten Orgeln Cavaillé-Colls gehören die Instrumente in Notre-Dame de Paris, Saint-Sulpice in Paris und St-Ouen de Rouen. Sein erstes großes Instrument ist die Orgel der Kathedrale von Saint-Denis, der Grabkirche nahezu aller französischen Könige. Der Auftrag für diese Orgel wurde Cavaillé-Coll im Alter von nur 22 Jahren erteilt.

Wie glauben Sie, dass ein in Paris nahezu unbekannter Jungspund an den Auftrag für ein großes Instrument in einer der bedeutendsten französischen Kirchen kam? Ganz richtig: über eine **Empfehlung.** 1832 hielt sich der Komponist Gioacchino Rossini in Südfrankreich auf und hörte ein neues Instrument, das der junge Cavaillé-Coll erfunden hatte. Begeistert vom Klang der *Poïkil Orgue* ermunterte der Komponist den Orgelbauer, nach Paris zu kommen:

> „Cavaillé-Colls erste Reise im darauffolgenden Jahr nach Paris wurde ein großartiger Erfolg, da er den Auftrag für den Orgelneubau in der berühmten Abteikirche in Saint-Denis, dem nördlich von Paris gelegenen Ort, erhielt." (Lipski 2011)

Rossini hatte Cavaillé-Coll direkt an die *Académie des Beaux-Arts* empfohlen, die den Auftrag vergab. Dadurch wurden zwei Dinge ausgelöst:

1. Cavaillé-Coll konnte sich bei der Akademie der Schönen Künste in Paris persönlich vorstellen, denn durch die Ankündigung Rossinis wurde er dort erwartet. Gleichzeitig verschaffte er sich gegenüber Mitbewerbern einen Vorteil, da Rossini begeistert vom Können des jungen Orgelbauers war und ihn dementsprechend vor den Ausschussmitgliedern lobte.
2. Die Reputation von Cavaillé-Coll stieg. Da Rossini durch die *Poïkil Orgue* sein Kunde geworden war, äußerte dieser seine Begeisterung auch öffentlich. Dadurch wiederum wurde der Name Cavaillé-Coll einem größeren Kreis bekannt und erhöhte das Potenzial für weitere Empfehlungen und damit dessen Umsatz.

Ein Empfehlungsgeber kann durchaus als Bürge betrachtet werden, der seinen Namen für einen anderen in den Ring wirft. Es besteht natürlich die Gefahr, dass eine Empfehlung weniger gut verläuft und dem Empfehlungsgeber angekreidet wird. Deshalb ist es wichtig, von der Empfehlung überzeugt zu sein, indem man sich über die Qualitäten des Empfohlenen ein genaues Bild macht. Bewertungen im Internet (z. B. bei Google MyBusiness und Facebook) sind heute eine nicht mehr wegzudenkende Art der Empfehlung in Form eines mehr oder weniger umfangreichen Testimonials. Wir sehen diese Bewertungen im Rahmen des Empfehlungsmarketings aber als wenig relevant an, da Online-Bewertungen zum einen nur als Ergänzung zu einer Empfehlung zu sehen sind, zum anderen Manipulation mittels gefälschter Bewertungen möglich ist und auch vollzogen wird (siehe auch Abschn. 4.2).

Cavaillé-Coll bekam schließlich den Auftrag und schuf das erste seiner großen Werke, das heute noch an Sonn- und Feiertagen in voller Pracht erklingt. Wir erkennen an diesem Beispiel, dass eine erfolgreiche Empfehlung auch mit der Reputation zusammenhängt, denn die Kunde von guter Arbeit verbreitet sich weiter. Einige Autoren auf dem Gebiet des Empfehlungsmarketings gehen sogar so weit, den guten Ruf als wichtigste Motivation für den Kauf eines Produkts oder einer Dienstleistung zu benennen (Linsenmaier und Verleger 2013).

An dieser Stelle sind Sie vom Empfehlungsmarketing noch nicht überzeugt. Sie können es auch gar nicht sein, da Ihnen wichtige Informationen und Erklärungen fehlen. Unsere Beispiele klingen alle nett, können aber trotz Empfehlungscharakter zufällig entstanden sein. Der ökonomische Charakter leuchtet auch nicht ein, oder etwa doch?

Ovid hat finanziell gewiss kaum von seinen Gedichten profitiert, er entstammte einer wohlhabenden Familie. Bei Cicero wurde das Empfehlungsbüchlein seines Bruders ausschlaggebend für die Wahl zum Konsul – ein Amt, das gewisse Vorteile mit sich brachte (in Ciceros Fall die Aufnahme in die Nobilität, der Führungsschicht der römischen Republik). Cavaillé-Coll machte jedoch nachweisbar Umsatz durch Rossinis Empfehlung, der noch viele andere Empfehlungen folgten. Der Orgelbauer verstand es auch, sich selbst zur Marke zu machen, weshalb viele Kunden nicht nach dem Preis, sondern nach dem möglichen Lieferdatum fragten. Der gute Ruf verkauft und erhöht auch die Marge bzw. das Vertrauen in die Grundbestandteile einer Vereinbarung.

Strategisches Empfehlungsmarketing geht noch eine Stufe weiter, denn es systematisiert und strukturiert das Empfehlungsgeschäft so, dass es messbar und planbar wird. Der Vater dieser Art von Netzwerken und Empfehlungsmarketing ist der Amerikaner Dr. Ivan Misner. Sein „Business Network International" (BNI) ist die wohl konsequenteste Form, Empfehlungsmarketing zu betreiben.

Für kleine und mittlere Unternehmen, die vorwiegend regional tätig sind, kann diese Marketingform große Vorteile mit sich bringen. In diesem Buch werden wir noch öfter auf Ivan Misner Bezug nehmen.

Zusammenfassung

Empfehlungen gibt es seit Tausenden von Jahren. Wer sich eine Empfehlung einholt, benötigt zunächst einen Ratschlag. Wer eine Empfehlung gibt, hilft einer anderen Person weiter. Ökonomisch relevant werden Empfehlungen, wenn sie im Rahmen eines strategischen Empfehlungsmarketings eingesetzt werden. Sie führen dann zu Umsatz und in der Regel auch zu einer Reputationssteigerung.

Literatur

Freeman, P. (2012). *How to win an election: An ancient guide for modern politicians*. Princeton: Princeton University Press.

Linsenmaier, J., & Verleger, G. (2013). *Ihr guter Ruf verkauft! Sonst nichts*. Stuttgart: Juergen Linsenmaier und Gunther Verleger GbR.

Lipski, T. (2011). Zum 200. Geburtstag von Aristide Cavaillé-Coll. *Ars Organi, 59*(1), 22–31.

Ovid. (1 v. Chr. bis 4 n. Chr.). Ars Amatoria. http://gutenberg.spiegel.de/ovid/arsamato/arsamato.htm. Zugegriffen: 2. Nov. 2019.

2 Ihr Umfeld als Unternehmer

Bevor Sie Empfehlungsmarketing als Möglichkeit der Kundengewinnung in Betracht ziehen, sollten Sie sich über Ihr unternehmerisches Umfeld im Klaren sein. Dazu gehört, sich über das eigene **Produkt** bzw. Ihre **Dienstleistung,** Ihre **Kunden,** Ihren **Marketing-Mix** und Ihre **Persönlichkeit** Gedanken zu machen. Wenn Sie Empfehlungsmarketing betreiben, werden Sie über kurz oder lang eine Doppelrolle als Empfehlender und Empfohlener einnehmen. Wie würden Sie aber eine Empfehlung und Empfehlungsmarketing definieren?

Definition von Empfehlung und Empfehlungsmarketing

Unter einer **Empfehlung** verstehen wir im **ersten Fall** einen persönlichen Hinweis von Unternehmer A an Unternehmer B, der den Bedarf einer Person C (Unternehmer oder Privatperson) an dem Produkt oder der Dienstleistung von Unternehmer B benennt. Eine Empfehlung enthält in diesem Fall Umsatzpotenzial für Unternehmer B, da er zum einen von Unternehmer A empfohlen wurde (Reputation) und zum anderen weiß, dass ein Bedarf vorhanden ist.

Im **zweiten Fall** ist eine Empfehlung ein Tipp oder ein Wissensvorsprung, der einen Wettbewerbsvorteil ermöglicht. Wer Personal sucht oder einen Marktbedarf kennt, bevor er allgemein publik wird, kann durch Empfehlungen Erfolg haben, ohne dass sofortiges Umsatzpotenzial vorhanden ist. In diesem Fall entsteht der Umsatz bei einer erfolgreichen Empfehlung indirekt, da ein Zwischenschritt erfolgt.[1]

---

[1]Wird Personal angeworben, erzeugt das zunächst Kosten, bevor die Wertschöpfung durch die Arbeitskraft einsetzt. Wird ein zukünftiger Markt erkannt, stehen ebenfalls Kosten durch Maßnahmen an, um den Markt als erster zu besetzen.

M. Rassinger und Q. Graf Adelmann, *Empfehlungsmarketing,* essentials,
https://doi.org/10.1007/978-3-658-29307-9_2

Empfehlungsmarketing beruht in unserem Buch also sowohl auf dem Zusammenspiel von zwei Unternehmern und einer dritten Person als auch dem Geschäftskontakt zweier Unternehmer. Während sich der Großteil der Literatur zum Empfehlungsmarketing auf die Neukundengewinnung durch Empfehlung von zufriedenen Kunden beruft, arbeiten wir mit der intrinsischen Motivation einer vorteilhaften Geschäftsbeziehung. Durch die Beteiligung zweier Unternehmer lassen sich die bekannten Modelle auf B2[B2B] und B2[B2C] erweitern. Wir sprechen deshalb in diesem Buch vom *strategischen Empfehlungsmarketing* im Gegensatz zum klassischen Empfehlungsmarketing.

Lassen Sie uns jetzt kurz zwei entgegengesetzte Positionen aufzeigen, mit denen strategisches Empfehlungsmarketing auf lange Sicht nicht funktioniert. Wir gehen beim Empfehlen auf unternehmerischer Ebene von einer gegenseitigen Unterstützung auf persönlicher Ebene aus, um neue Kunden zu gewinnen. Wer von anderen Unternehmern ausschließlich Kunden und Aufträge bekommen und nichts geben möchte, für den ist Empfehlungsmarketing in unserem Sinn nicht geeignet.

Fall 1: Sie nehmen ausschließlich Empfehlungen entgegen

In diesem Fall haben Sie wahrscheinlich ein Produkt oder eine Dienstleistung, die dringend benötigt wird oder ein Alleinstellungsmerkmal aufweist. In jedem Fall muss man sich die Frage stellen: Wie sorgen Sie dafür, dass Sie kontinuierlich und verlässlich Empfehlungen bekommen? Wer darauf mit „durch meine Anwesenheit" antwortet, ist entweder sehr von sich überzeugt oder hat ein Produkt bzw. eine Dienstleistung, die es bei keinem anderen Anbieter gibt.

Gleichzeitig wissen wir, dass es nahezu kein Produkt und keine Dienstleistung gibt, die nicht durch Alternativen zu ersetzen wären. Wer also ausschließlich mit Freude nimmt und nichts zurückgibt[2], wird nach einiger Zeit feststellen, dass er

[2]Betrachtet man das Zurückgeben auf materieller Ebene, handelt es sich im einfachsten Fall um eine Provision. Lehnt man Provisionen oder deren Abrechnung ab, kann auch eine persönliche Wertschätzung wie eine Einladung oder ein Event die Erwiderung sein. Im Idealfall gibt der Empfohlene bei nächster Gelegenheit eine Empfehlung zurück. So können beide Unternehmer Umsatz machen und sich gegenseitig neue Kunden erschließen.

oder sie auch nichts mehr bekommt. Warum sollte sich jemand die Mühe machen und qualitativ wertige Empfehlungen aussprechen, wenn keine Anerkennung zurückkommt?

Fall 2: Sie geben ausschließlich Empfehlungen
Vermutlich sind Sie ein Problemlöser. Mit Empfehlungen verschaffen Sie Ihren Geschäftskontakten Umsatzpotenzial und können gleichzeitig das Leben derer erleichtern, denen Sie Ihren Kontakt empfohlen haben. Wenn Sie aber nur Empfehlungen geben und nie etwas bekommen, sind Sie entweder ein Wohltäter oder ein sehr geduldiger Mensch. Vergessen Sie nicht: Empfehlungsmarketing kostet viel eigene Zeit – ein begrenztes Gut – und beruht auf Gegenseitigkeit. Wer nur gibt und nichts bekommt, fühlt sich nach einiger Zeit oft ausgenutzt.

Die mathematische Betrachtung
Wenn wir uns von der Philosophie des Gebens, die bereits in der Bibel beschrieben wird (Lutherbibel 1984), wegbewegen und einen nüchternen, zahlengetriebenen Ansatz verfolgen, sind Emotionen nicht mehr relevant. Es zählen dann einzig und allein der Zeitaufwand und das Ergebnis. Zunächst haben wir Zeit nicht in beliebiger Menge zur Verfügung. Wer unternehmerisch denkt, muss Prioritäten setzen und die verfügbare Zeit so sinnvoll wie möglich nutzen. Eine gute Empfehlung benötigt aber Zeit, denn sowohl Kunde als auch Empfohlener müssen zueinander passen, was vorher ermittelt werden sollte. Rechnen Sie als Empfehler (nach unserer Erfahrung) mit etwa zwei Stunden Zeitaufwand und bedenken Sie als Dienstleister, dass die Betreuungsintensität eines persönlich empfohlenen Kunden vergleichsweise hoch sein kann – schließlich erwartet man eine überdurchschnittliche Leistung von Ihnen.

Damit wird klar, dass die Zeit ein limitierender Faktor beim Empfehlungsmarketing ist. Wer mit einer Angestelltenmentalität bei klar begrenzter Wochenarbeitszeit unterwegs ist, sollte sich vom Thema Empfehlungsmarketing schnell verabschieden. Um herausragende Ergebnisse zu erzielen, müssen auch Sie herausragend arbeiten – ohne Rücksicht auf die Uhr, denn Empfehlungen kennen weder Tag noch Nacht. Vergessen Sie auch den Aufwand nicht, eine gegebene Empfehlung nachzuverfolgen, um sich nach dem Status zu erkundigen.

2.1 Ihr Produkt und Ihre Dienstleistung

Generell kommt es auf das Produkt an, ob sich mit Empfehlungsmarketing gute Umsätze erzielen lassen. Während Massenprodukte mit geringen Margen (darunter Autos, IT-Produkte, Smartphones etc.) eher ergänzend zum Umsatz beitragen, können Dienstleistungen wie eine Unternehmens- oder Marketingberatung ökonomisch deutlich mehr für den Anbieter bedeuten. Hier reichen unter Umständen schon wenige Aufträge, um sich die Hälfte des Jahresumsatzes oder mehr zu sichern.[3]

Treffen wir für unser nächstes Beispiel die Unterscheidung, ob Sie ein physisches oder ein digitales Produkt verkaufen. Betrachten wir also ein Auto, eine Software, ein Videocoaching und einen Online-Shop. Beim **Auto** ist es relativ leicht: Jede Automarke hat ein Image, wodurch die potenziellen Kunden bereits vorselektiert werden. Da ein Auto ein konfigurierbares Massenprodukt ist, können Sie heutzutage nur noch mit Service und Preis punkten. Kunden, egal ob B2B oder B2C, werden Sie deshalb nur empfehlen, wenn Sie einen außergewöhnlich guten Preis oder Service bieten. Empfehlungsmarketing kann sich in diesen beiden Fällen oder im besten Fall aus einer Kombination von beiden für Sie lohnen. Umgekehrt wissen Sie als interessierter Verkäufer, welche Herausforderungen oder Bedürfnisse Ihre Kunden haben. Damit wird es leicht, vom Empfohlenen zum Empfehlenden zu werden, wenn Sie entsprechende Geschäftskontakte haben, die Sie empfehlen können.

Bei einer **Software** ist die Situation ähnlich, wobei kleine Unterschiede zu beachten sind. Software wird heutzutage online verkauft, meist als Download oder als SaaS (Software as a Service). Dazu sind als Käufer der Software lediglich die Eingabe der Rechnungsdaten sowie der Zahlungsmethode notwendig. Mehr Daten haben Sie als Verkäufer in der Regel nicht, da Sie nur wissen, dass der Kunde Ihre Software wohl gut gebrauchen kann. Handelt es sich nicht um persönliche Kontakte oder Großkunden, kennen Sie den Kunden nicht. Es ist daher nahezu unmöglich, konkrete Bedürfnisse oder Herausforderungen Ihrer Kunden zu kennen. Ohne das können Sie aber keinen Ihrer Geschäftskontakte empfehlen. Umgekehrt kann es aber sehr wohl nützlich sein, Ihre Software bei Geschäftskontakten vorzustellen und deren Funktionen mit Mehrwert zu erklären. Der Bedarf kann nämlich bei Ihren Kontakten und deren Kunden durchaus vorhanden sein. Fragen Sie sich also selbst: Bin ich mit meinem Produkt und Netzwerk jemand, der vorwiegend Empfehlungen nehmen kann, oder kann ich aufgrund meiner eigenen Kontakte den Geschäftspartnern, die mich empfohlen haben, auch etwas zurückgeben?

Beim **Videocoaching** ist der Unterschied zum Auto noch größer: Es handelt sich um ein digitales Produkt, das ausschließlich online auf verschiedenen Endgeräten genutzt werden kann. Da Sie keine VHS-Kassetten mehr verschicken, können Sie das Produkt (wie auch die vorher genannte Software) beliebig skalieren. Das Problem: Wie stellen Sie Geschäftskontakten ein Videocoaching

[3] 2017 erwirtschaftete einer der Autoren 80 % des Jahresumsatzes mit nur zwei Aufträgen, die wiederum auf zwei Empfehlungen zurückzuführen waren.

vor? Natürlich als Video! Hier muss man sich ehrlicherweise die Frage stellen, ob Empfehlungsmarketing der optimale Weg ist, um neue Kunden zu gewinnen. Sie können im Gespräch mit Geschäftspartnern viel über Ihr Coaching erzählen und Beispiele Ihrer Videos zeigen. Wahrscheinlich sind Sie aber mit einer zielgerichteten Verbreitung über Social Media wesentlich effektiver, denn Sie werden durch Multiplikatoren mehr Geschäft machen als durch Empfehlungskunden. Rechnen Sie selbst: Wenn Sie mit 30 Geschäftskontakten jeweils eine Stunde über Ihr Videocoaching sprechen, kommen Sie mit An- und Abfahrt sicher auf 45 h Akquise. Bei einem Stundensatz von 100 EUR sind das 4500 EUR. Dafür können Sie ein Videocoaching intensiv bewerben. Selbst wenn ein Lead (ein potenzieller Kunde) 25 EUR kostet und nur 10 % der Leads abschließen, kommen Sie auf 18 zahlende Kunden. Bei einem Preis von 499 EUR machen Sie also knapp 9000 EUR Umsatz. Ob Sie aus 30 persönlichen Gesprächen auch 18 Neukunden gewinnen, halten wir für sehr fraglich.

Als Besitzer eines **Online-Shops** ist Ihr Revier das World Wide Web. Mithilfe gezielter Suchmaschinenoptimierung (SEO) und bezahlten Anzeigen (SEA) sowie Social Media Marketing lenken Sie potenzielle Kunden auf Ihre Shop-Seiten, um sie dort in zahlende Kunden zu konvertieren. Klassisches Empfehlungsmarketing wird kein effizienter Weg für Sie sein, da der Zeit- und Ressourcenaufwand erheblich ist, um im eigenen Netzwerk von Geschäftskontakten empfohlen zu werden. Es mag Ausnahmen geben, aber ein Online-Shop wird – ebenso wie Restaurants – am besten online beworben. Sie können sich allerdings Empfehlungen aus dem Netz in Form von Bewertungen (z. B. Google, Facebook, Yelp etc.) zunutze machen. Hier zählt allein Ihre Online-Reputation, um als vertrauenswürdig und seriös zu gelten (Zum Kauf von Bewertungen lesen Sie mehr im Abschn. 4.2).

Wir raten Ihnen dennoch, sich Gedanken zum Thema Empfehlungsmarketing zu machen. Auch wenn es nicht Ihre Haupteinnahmequelle wird, lernen Sie auf alle Fälle neue Geschäftskontakte kennen, die Ihnen oder Ihren Kontakten weiterhelfen. Sie können beispielsweise unmittelbares Feedback erhalten, wie Sie Ihre Produkte besser präsentieren und auffindbar machen, denn persönliche Gespräche entfalten in aller Regel mehr Wert als eine Online-Bewertung oder ein schlichter Kommentar.

2.2 Ihre Kunden

Kennen Sie Ihre Kunden? Nicht nur den Namen, den Umsatz und sonstige Details, die ein CRM (Customer Relationship Management) ausspuckt, sondern tatsächlich den Kunden als Person? Dann sind Sie vielen Mitbewerbern einen großen Schritt voraus. Wer seine Kunden kennt, weiß auch über ihre geschäftlichen Herausforderungen und Bedürfnisse Bescheid, in einzelnen Fällen sogar im privaten Bereich. All das macht es leicht, als Empfehler tätig zu werden, denn letztendlich erleichtern Sie Ihren Kunden das Leben. Wer eine Autowerkstatt mit großartigem Service und fairen Preisen, einen erfolgreichen und zähen Verkehrsrechtsanwalt, einen kompetenten Spezialisten für Gewerbeversicherungen, ein zuverlässiges IT-Systemhaus und viele andere Gewerke sucht, dem können Sie helfen – wenn Sie über ein geeignetes Kontaktnetzwerk mit hochwertigen Kontakten verfügen.

Umgekehrt kann einer Ihrer Geschäftskontakte ebenso für Sie tätig werden: Wenn er seine Kunden ähnlich gut kennt wie Sie, wird er Ihnen bei passender Gelegenheit eine Empfehlung für Ihre Dienstleistung oder Ihr Produkt geben. Warum? Weil er Sie kennt, bereits mit Ihnen Geschäfte gemacht hat, Sie vertrauenswürdig findet oder durch Sie für seine Kunden ein Problem lösen kann.

Ihre Kunden zu kennen heißt aber auch, zu wissen, wer der optimale Kunde für Ihr Produkt oder Ihre Dienstleistung ist. Wer über diese Information verfügt, kann Kunden zielgerichtet ansprechen und die Vertriebsaktivitäten und das Marketingbudget effizient einsetzen. Die Bezeichnung der „Buyer Persona“ sollte deshalb jedem Unternehmer ein Begriff sein und im Unternehmen mit Marketing und C-Level erarbeitet und abgestimmt werden. Da die Ausführung den Rahmen dieses Buches sprengen würde, empfehlen wir an dieser Stelle, sich mit den verschiedenen Personas im Nachgang auseinanderzusetzen (z. B. Fuderholz 2017).

2.3 Ihr Marketing-Mix

Der Marketing-Mix kategorisiert alle für die Vermarktung eines Produktes oder einer Dienstleistung notwendigen Aufgaben und ermöglicht deren Ausführung. Jerome McCarthy legte mit seiner Einteilung in die sogenannten „4 Ps“ (Product, Place, Promotion, Price) die Grundlage für den Marketing-Mix im 20. Jahrhundert (McCarthy 1960). Lange Zeit galten die 4 Ps als wichtige Matrix, um Marketingaktivitäten zu bündeln und zu steuern. Mit der einsetzenden Digitalisierung, die das Informations- und Kaufverhalten von Menschen innerhalb kürzester Zeit radikal veränderte und weiter verändern wird, wurden aber andere Faktoren wichtig, die das Prinzip von McCarthy nicht für ungültig erklärten, aber eine Werteverschiebung auslösten.

In Abb. 2.1 ist das klassische 4P-Modell von McCarthy zu sehen, das um ein 5. P erweitert wurde: Mit „Purpose“ wird dem Umstand Rechnung getragen, dass es nicht reicht, ein hochwertiges Produkt zu haben. Der Nutzen (Mehrwert) muss

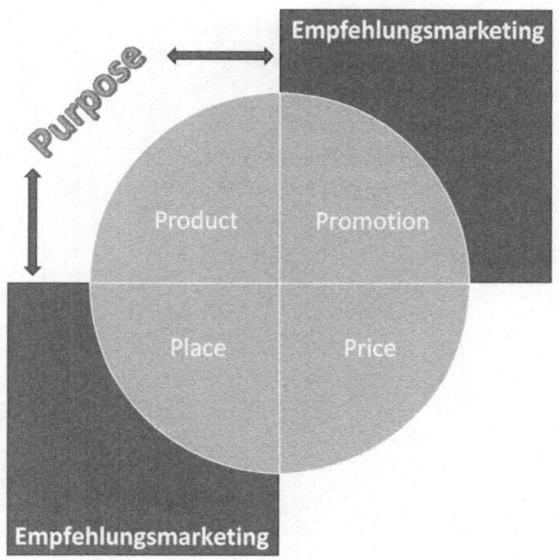

Abb. 2.1 Marketing-Mix: Das 4P-Modell von McCarthy, erweitert um "Purpose" als 5. P

eindeutig kommuniziert werden, um sich gegenüber Mitbewerbern abzusetzen und gleichzeitig einen kritisch hinterfragenden Kunden mit Fakten zu überzeugen. Weiterhin erkennt man in der Abbildung, dass sich die Elemente „Promotion" und „Place" im Zusammenhang mit „Purpose" besonders gut über Empfehlungsmarketing vermitteln lassen. Während Preis und Produkt bei Empfehlungen bereits vorgegeben sind[4], kann über eine Kommunikations- und Vertriebsstrategie viel gewonnen werden.

Wir sind jedoch der Ansicht, dass selbst ein erweitertes 4P-Modell den heutigen Marketing-Mix – bezogen auf Empfehlungsmarketing – noch nicht befriedigend abbildet. In Abb. 2.2 führen wir deshalb das GASS-Modell ein, das sich wie folgt erklären lässt:

- **Gain:** Beim Empfehlungsmarketing ergibt sich die Möglichkeit des Wachstums und Profits durch Kontakte und Empfehlungen
- **Access:** Durch Empfehlungen und Kontaktanbahnung bekommt man Zugang zu neuen Kontakten, die mittelbar und unmittelbar Umsatz auslösen können

[4]Produkt und Preis sind Voraussetzungen, um überhaupt Empfehlungen geben oder erhalten zu können. Sie sind in diesen beiden Punkten auch am wenigsten flexibel, wenn es sich nicht um ein hoch skalierbares Produkt mit einem kurzen Lebenszyklus handelt.

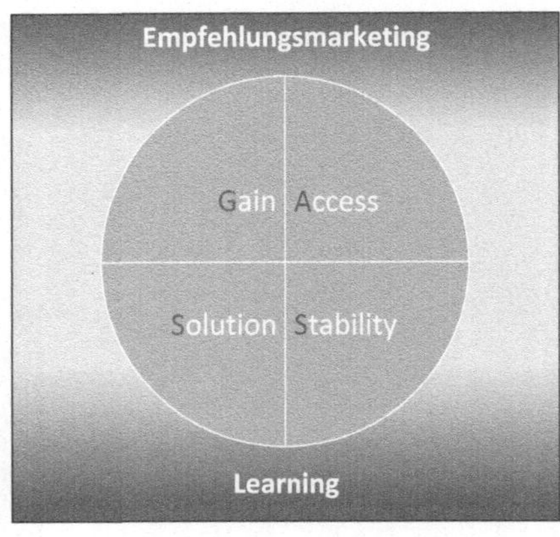

Abb. 2.2 4P-Modell nach McCarthy, neu gedacht als GASS-Modell, angeregt durch Ettenson/Conrado/Knowles, Harvard Business Review, Jan/Feb 2013

- **Stability:** Bewährte und erprobte Geschäftsbeziehungen im Rahmen von Empfehlungen sorgen für Stabilität hinsichtlich der Zuverlässigkeit und des Umsatzaufkommens
- **Solution:** Durch Empfehlungen kann man als Problemlöser auftreten und seine Dienstleistung bzw. sein Produkt als Lösung verkaufen

In unserem Modell ist Empfehlungsmarketing also die Plattform, auf der der Marketing-Mix stattfindet. Gleichzeitig ist der Aspekt **Learning** involviert: Durch beständigen Austausch lernt man mehr über sich selbst und die Sicht anderer auf sich, seine Geschäftskontakte und die Veränderungen sowie Entwicklungen des Tätigkeitsumfeldes.

Überlegen Sie deshalb, ob Ihr Marketing-Mix noch zeitgemäß ist oder ob Sie eine Neuausrichtung anhand des GASS-Modells in Betracht ziehen sollten. Bedenken Sie auch, dass Empfehlungsmarketing in der Regel eine Ergänzung bzw. ein zusätzliches Standbein für Ihr Marketing darstellt. Ihr bestehender Marketing-Mix kann deshalb weiterhin gültig sein, wobei sich eine neue, auf Empfehlungen fokussierte Perspektive lohnt.

2.4 Ihre Persönlichkeit

Wenn Sie Empfehlungsmarketing in Ihr Geschäftsleben integrieren möchten, werden Sie unweigerlich mit vielen Menschen interagieren. Es geht nicht nur darum, Kontakte zu knüpfen und sich zu vernetzen, sondern vor allem um einen nachhaltigen Beziehungsaufbau, der viel Zeit in Anspruch nimmt. Sie sollten sich deshalb die Frage stellen: Will ich das überhaupt?

Es gibt heute viele Methoden, um sich neue Kunden zu erschließen: Social Media, Suchmaschinenwerbung, Suchmaschinenoptimierung für Webseiten, E-Mail-Marketing, Online-Bewertungen und Portale, klassische Printwerbung und vieles mehr. Wir denken aber, dass Empfehlungsmarketing die smarteste und nachhaltigste Methode der Neukundengewinnung ist. Sie bauen sich auf diese Art und Weise ein Netzwerk auf, das aus zuverlässigen Kontakten besteht, von deren Kompetenz Sie sich im Laufe der Zeit selbst überzeugt haben. Als Folge erreichen Sie mit Ihrem Netzwerk eine Unabhängigkeit von wirtschaftlichen Auf- und Abschwüngen.

Wenn Sie als unternehmerische Persönlichkeit mit Ihrem Kontaktkreis interagieren, immer besser über die Teilnehmer Bescheid wissen und umgekehrt, die Stärken und Schwächen kennen und sich darauf verlassen können, dass Vereinbarungen gehalten werden, werden Sie gewinnen. Dazu ein Beispiel aus der Schulzeit:

Schule ist eine Zwangsveranstaltung. Man kommt als Kind in eine Klasse, lernt seine Mitschülerinnen und Mitschüler kennen, hat aber keinen Einfluss darauf, wer diese Menschen sind. Wegbleiben ist keine Option, wenn man erfolgreich sein will. Mit manchen in der Klasse kann man gut, mit anderen weniger gut. Es ist ein Abbild des Lebens, denn das Zurechtkommen mit allen zählt. Denken Sie jetzt aber an den Sportunterricht, speziell an Mannschaftssportarten: Dort waren Sie mit etwas Glück in der Lage, sich Ihre Mannschaft auszuwählen. Anfangs spielte der Zufall eine Rolle, relativ schnell wurde aber klar, wer sportlich etwas konnte und wen man besser nicht in seine Mannschaft wählte.

Leserinnen und Leser, die keine gute Erinnerung an den Sportunterricht haben, mögen das Beispiel verzeihen. Es zeigt jedoch sehr klar, wie Sie als Unternehmer agieren sollten: Umgeben Sie sich mit kompetenten Menschen, die ihr Handwerk verstehen und Leistung bringen. Im Zusammenspiel entstehen Empfehlungen, da jeder individuelle Stärken und Schwächen hat, die man möglichst vorteilhaft kombiniert oder ausgleicht. Für jede Position im Team gibt es eine besonders empfehlenswerte Person, die sich durch ihre Leistung selbst empfiehlt. Wenn Sie ein starkes Team zusammengestellt haben oder ein gutes Team verstärken, werden Sie Erfolg haben.

Das Gute im unternehmerischen Kontext: Wir haben die Schule bereits hinter uns und sind völlig frei, mit wem wir Kontakte knüpfen und Empfehlungsmarketing betreiben wollen.

Zusammenfassung

Für erfolgreiches Empfehlungsmarketing müssen Sie über Ihr Umfeld als Unternehmer im Bilde sein. Zu den Themen Produkt, Kunden, Marketing-Mix und Persönlichkeit sollten Sie sich ausführlich Gedanken machen, um evaluieren zu können, ob sich Marketing durch Empfehlungen für Sie eignet. Empfehlungen sind eine smarte und nachhaltige Art, neue Kunden und Umsatz zu generieren, müssen aber zu Ihnen und Ihrem Unternehmen passen.

Literatur

Ettenson R, Conrado E, & Knowles, J. (2013). Rethinking the 4 P's. https://hbr.org/2013/01/rethinking-the-4-ps. Zugegriffen: 10. Nov. 2019.

Fuderholz, J. (2017). *Professionelles lead management* (S. 57–76). Wiesbaden: Gabler Verlag. https://doi.org/10.1007/978-3-658-15214-7.

Lutherbibel. (1984). Apostelgeschichte, Kapitel 20, Vers 35. https://www.die-bibel.de/bibeln/online-bibeln/lutherbibel-1984/bibeltext/bibel/text/lesen/stelle/54/200035/. Zugegriffen: 2. Nov. 2019.

McCarthy, E. J. (1960). *Basic marketing: A managerial approach*. Homewood: RD Irwin.

3 Das Kapital für Empfehlungsmarketing

Um Empfehlungsmarketing erfolgreich betreiben zu können, benötigen Sie neben der Betrachtung Ihres unternehmerischen Umfelds auch Ressourcen. Sie investieren nämlich nicht nur Zeit und Geld, sondern auch weitere immaterielle Güter. Im strategischen Management existiert bei der Betrachtung des Wettbewerbs der sogenannte ressourcenbasierte Ansatz (resource-based view): ein Unternehmen verfügt dann über einen Wettbewerbsvorteil, wenn es ein Produkt oder eine Dienstleistung hat, das bzw. die selten, wertvoll und schwierig zu imitieren ist (Glowik 2009).

Die nachfolgend behandelten immateriellen Güter – nämlich Netzwerk, Reputation und Netzwerkfähigkeiten – sind Ihr persönliches Kapital. Wenn wir das Kapital als Ressource sehen, können wir einen Perspektivwechsel vom Produkt oder der Dienstleistung zur unternehmerischen Person vornehmen. Wenden Sie die ressourcenbasierte Betrachtung auf Ihr Kapital an, erkennen Sie klar den persönlichen Wettbewerbsvorteil, den Sie durch Ihre Ressourcen erlangen:

- *Seltenheit*
  Ob Sie es glauben oder nicht: nur wenige Unternehmer verfügen beim Empfehlungsmarketing über Strategien, die sich nachhaltig auf den Umsatz auswirken. Wenn Sie Ressourcen haben, die andere weder kennen noch haben, ist der Wettbewerbsvorteil automatisch auf Ihrer Seite. Dazu kommt, dass Ihr Netzwerk und Ihre Fähigkeiten einmalig sind.
- *Werthaltigkeit*
  Ein Netzwerk mit Kontakten entsteht nicht von selbst. Sie stecken Arbeit und Zeit hinein, bauen mit den Jahren aber eine Kontaktsphäre auf, die immer wertvoller wird, je besser man sich kennt.

M. Rassinger und Q. Graf Adelmann, *Empfehlungsmarketing*, essentials,
https://doi.org/10.1007/978-3-658-29307-9_3

- *Schwer zu imitieren*
  Jede Unternehmerpersönlichkeit ist individuell und einmalig. Da es unmöglich ist, eine Person mitsamt ihrem Kontaktnetzwerk zu klonen, wird es schwer bis aussichtslos sein, Sie zu imitieren und daraus Vorteile zu ziehen. Im Gegensatz zu auswechselbaren Produkten und Dienstleistungen sind Sie unverwechselbar.[1]

3.1 Netzwerk

Das A und O für erfolgreiches Empfehlungsmarketing ist ein starkes und verlässliches Netzwerk. Sie finden heutzutage eine Fülle an Netzwerkveranstaltungen, die über E-Mail-Marketing, Social Media Marketing und Anzeigen beworben werden. Allein in Berlin können Sie werktäglich dutzende Veranstaltungen besuchen, die als Netzwerk-Event beworben werden. Bei einer solchen Fülle an Möglichkeiten sollte man meinen, dass Netzwerken hier besonders leichtfiele.

Wir sind der Ansicht, dass auf solchen Veranstaltungen allenfalls Zufallskontakte entstehen, von denen sich im Nachgang weniger als 5 % als werthaltig erweisen. Schaut man sich die typische Zusammensetzung und Motivation bei Netzwerkveranstaltungen an, wird man auf drei Menschentypen stoßen:

1. Der Verkäufer Er ist zahlenmäßig am häufigsten vertreten und erhofft sich Geschäft, indem er in Verkaufsgespräche geht und sein Produkt oder seine Dienstleistung anpreist.

2. Der Neutrale Er geht ohne konkrete Absichten zu einer Netzwerkveranstaltung und möchte einfach neue Kontakte kennenlernen. Ob sich daraus Geschäft ergibt oder es beim unverbindlichen Smalltalk bleibt, ist nicht relevant.

3. Der Käufer Er weiß unter Umständen noch nicht, was er kaufen will, aber er ist grundsätzlich bereit, zu kaufen, wenn er Bedarf sieht oder überzeugt wird. Auf Veranstaltungen ist er deutlich in der Minderzahl.

Dazu kommen die Organisatoren dieser Events, die ein reges Interesse daran haben, Visitenkarten bzw. E-Mail-Adressen einzusammeln und regelmäßig im Mittelpunkt zu stehen. Auf diese Weise kommen sie an neue Kontakte für den

---

[1]Siehe dazu auch unser Buch „Bewertung, Kauf und Optimierung von Unternehmen", Springer (2019).

eigenen Verteiler und können gleichzeitig ihre Botschaft, nämlich Marketing in eigener Sache, loswerden. Man erkennt solche Netzwerkevents oft an einem oder mehreren der folgenden Merkmale:

- Wechselnde öffentliche und halböffentliche Orte
- Werbung mit hippen Formaten, die Exklusivität suggerieren sollen
- Hunderte und tausende Unternehmer, die angeblich in diesem Rahmen netzwerken
- Unklare Organisation
- Unprofessionelle Präsentation
- Formate, die kostenlos sind und damit als Alleinstellungsmerkmal werben
- Organisatoren als Konstante, Besucher wechseln ständig
- Keine konkreten Themen und Fachleute

Viele dieser Merkmale sind einzeln betrachtet nicht negativ. Es dürfte auch klar sein, dass niemand Interesse an unklarer Organisation und unprofessioneller Präsentation haben wird. Unserer Erfahrung nach bedeuten die genannten Stichpunkte im Zusammenspiel aber, dass keine solide Struktur vorhanden ist. Struktur bedeutet Sicherheit, und die benötigen Sie, um in einem gegebenen Rahmen netzwerken zu können. Gewiss gibt es Menschen, die Gegner von festen Strukturen sind und sich gerne als Individualisten sehen. Man geht zu Veranstaltungen, wie es einem gerade gefällt, und achtet tunlichst darauf, strukturierte Effektivität aufgrund der Kreativitätseinschränkung gar nicht erst zuzulassen. Sicher haben Sie auch schon einen oder mehrere LMU kennengelernt: Latte-Macchiato-Unternehmer, mit denen sich gut Kaffee trinken lässt. Strategisches Empfehlungsmarketing betreiben diese aber nicht. Es handelt sich mehr um Zufallsmarketing und ist damit nicht Thema dieses Buches.

3.1.1 Vertrauen als Basis der Netzwerkarbeit

Effektives Empfehlungsmarketing beruht auf gegenseitigem Vertrauen, denn Sie können einen Geschäftskontakt nur guten Gewissens empfehlen, wenn Sie von seinem Produkt oder seiner Dienstleistung überzeugt sind. Das sind Sie aber nur, wenn Sie Ihren Kontakt gut kennen und für seine Qualität bürgen können. Lose oder zufällige Kontakte sind in aller Regel nicht vertrauenswürdig genug, damit Sie ihnen eigene Kunden oder Kontakte vermitteln würden. Sie können selbstverständlich Glück haben und jemanden kennenlernen, der sich im Lauf der Zeit als zuverlässiger Geschäfts- und Netzwerkpartner erweist. Keinesfalls werden Sie aber umsatzstarke Empfehlungen an Leute vergeben, die Sie nicht ausreichend kennen und mit denen Sie noch keine Erfahrung sammeln konnten. Es braucht Zeit, Gespräche und nachgewiesene Erfolge, damit sich ein Kontakt als relevant und bereichernd für Ihr persönliches Empfehlungsnetzwerk erweist.

Für den Beginn Ihrer Netzwerkarbeit ist es sinnvoll, sich an etablierte und bekannte Organisationen zu wenden. Sie können dort Erfahrungen sammeln, Leute kennenlernen und für sich bestimmen, ob die Organisation und deren Vorgehensweise bei Netzwerktreffen für Sie stimmig ist. Intuitiv weiß man sofort, ob ein Netzwerk zur eigenen Persönlichkeit passt. Unter Berücksichtigung aller Fakten ist man spätestens nach dem zweiten oder dritten Besuch so weit, um ein fundiertes Urteil treffen zu können.

3.1.2 Strategisches Empfehlungsmarketing

Ivan Misner, der 1985 ein Netzwerk für strategisches Empfehlungsmarketing gründete, entwickelte den sogenannten VCP-Prozess (Misner 2018). Er beruht darauf, dass Beziehungen die Grundlage aller Empfehlungen bilden und im Laufe der Zeit eine Entwicklung stattfindet.

Die erste Stufe einer Beziehung im VCP-Prozess (Abb. 3.1) ist stets die Sichtbarkeit. Sie nehmen andere Personen wahr oder werden von ihnen wahrgenommen. Kontaktaufnahmen finden statt, man trifft sich oder telefoniert, tauscht sich über Produkte und Dienstleistungen aus. Dennoch ist es eine lose

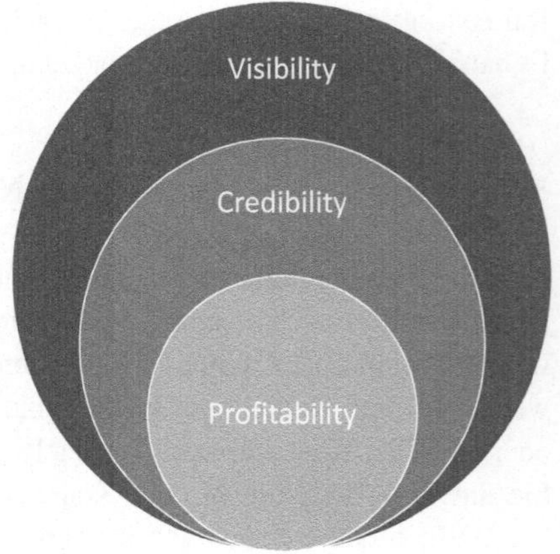

Abb. 3.1 VCP-Modell nach Dr. Ivan Misner, https://ivanmisner.com/three-phases-networking-vcp-process/. Zugegriffen: 16. November 2019

Beziehung, denn Sie wissen zu wenig übereinander und haben noch keine strukturierte und effiziente Art der Kommunikation etabliert.

Auf der zweiten Stufe entwickeln Sie Glaubwürdigkeit durch das Erfüllen von Erwartungen in der Beziehung. Es kann hier bereits zu Aufträgen kommen, die als Testballons erteilt werden, um die Zuverlässigkeit und die Qualität zu prüfen. Manchmal erkundigt man sich auch über Sie, um vor einer Auftragserteilung eine weitere Sicherheit zu generieren. Erfüllen Sie jedoch bestimmte Erwartungen Ihres Gegenübers nicht (z. B. Pünktlichkeit und Verbindlichkeit bei Treffen, Schnelligkeit der Kommunikation, Einhalten von Deadlines etc.), leidet die Glaubwürdigkeit oder schlägt im ungünstigen Fall sogar ins Gegenteil um.

Beispiel für fehlende Glaubwürdigkeit

Vor einigen Jahren zog ein privater Kontakt von Berlin nach Vietnam um und benötigte einen Logistikdienstleister mit Expertise im internationalen Versand. Ein Geschäftskontakt, der sich bis dahin gut und sichtbar präsentiert hatte, wurde angefragt. Als nach einer Woche noch keine Antwort gekommen war, erfolgte eine Nachfrage. Wiederum eine Woche später kam eine E-Mail, dass der Geschäftskontakt sich nach seinem Urlaub, in den er jetzt starte, darum kümmern würde. Leider benötigte der Kontakt die Dienstleistung sofort, was in der Anfrage auch kommuniziert wurde. Deshalb suchte er selbst und beauftragte eine andere Firma.

Man erkennt hier, dass Sichtbarkeit ein wichtiges Thema ist, ohne den erwarteten Service aber völlig wirkungslos wird. Im Gegenteil: Wer trotz Empfehlungsanfrage wertvolle Zeit verstreichen lässt und den eigenen Urlaub für wichtiger hält, hat sich für die Zukunft unempfehlbar gemacht. Die Zahl an zuverlässigen Logistikdienstleistern ist zu groß als dass ein zweiter Empfehlungsversuch (außerhalb der Urlaubszeit) noch Sinn machen würde.

Die dritte Stufe ist schließlich die Profitabilität, wobei nicht nur der finanzielle, sondern auch der persönliche Aspekt zählt. Der Profit wird auf längere Sicht gesehen als der reine Umsatz, denn ein profitables Unternehmen ist einem umsatzstarken Unternehmen in der Regel vorzuziehen. Genauso verhält es sich mit Empfehlungen: Nur wenn Sie Profitabilität hinsichtlich Ihrer Empfehlungsstrategie erreichen, haben Sie ein nachhaltiges Empfehlungsgeschäft etabliert. Ausschlaggebend ist also eine Beziehung zwischen Geschäftspartnern (Misner 2015), die zu beiderseitiger Zufriedenheit verläuft und zu zahlreichen Empfehlungen führt. Diese wiederum generieren Umsatz.

▶ **Tipp aus der Praxis** Verzetteln Sie sich nicht mit vielen Empfehlungspartnern, indem Sie auf Quantität setzen. Jede gute Beziehung beruht auf Qualität – die viel Zeit benötigt. Unserer Erfahrung nach haben Sie mit einem ausgewählten Netzwerk von fünf bis zehn Leuten bereits genügend Ressourcen, um erfolgreich Empfehlungsmarketing betreiben zu können.

3.2 Reputation

Die Reputation von Ihnen und Ihren Kontakten spielt eine wichtige Rolle beim Empfehlungsmarketing. Generell versteht man in der Wirtschaft unter der Reputation das Ansehen einer Person oder eines Unternehmens bei Dritten. Gleichzeitig erlaubt dieses Ansehen einen Blick in die Zukunft: „Reputation spielt eine wesentliche Rolle bei der Einschätzung künftiger Verhaltensweisen von A als potenziellem Interaktionspartner von B […]" (Suchanek und Lin-Hi 2018).

Man erkennt nun, dass der Beziehungsaufbau durch die Reputation der beteiligten Personen nicht nur durch das Erlangen von Sichtbarkeit und Glaubwürdigkeit, sondern auch mit einem Gewinn an Sicherheit verbunden ist. Dazu ein Beispiel aus der Werbung: Der Autovermieter Sixt fällt durch seine außergewöhnliche Werbung auf, die in den allermeisten Fällen sehr gut ankommt, weil sie witzig gemacht ist und aktuelles Geschehen gekonnt aufs Korn nimmt. Sixt produziert diese Werbung aber nicht selbst, sondern engagierte eine Agentur, nämlich Jung von Matt. Nun gibt es sehr viele Werbeagenturen, die ausgezeichnete Arbeiten liefern. Wieso arbeitet Sixt nicht auch mit anderen Agenturen zusammen?

Der wichtigste Grund dafür ist die Reputation: Jung von Matt hat sich im Laufe der Zeit eine sehr gute Reputation erarbeitet, die gleichbedeutend für die Sicherheit steht, dass der Kunde die Leistung bekommt, die er möchte. Wahrscheinlich gibt es in Deutschland einige kreative Köpfe, die mit Jung von Matt mithalten oder diese sogar übertreffen könnten. Allerdings haben sie keinen großen Namen und keine hervorragende Reputation bei Sixt. Dazu kommt, dass bei einer langjährigen Geschäftsbeziehung wie bei Sixt und Jung von Matt längst die Profitabilität nach VCP-Modell erreicht ist. Da die Beziehung von Bestand und qualitativ hochwertig ist, profitieren beide Partner davon: Sixt bekommt weiterhin außergewöhnliche und aufsehenerregende Werbung, Jung von Matt bekommt als Werbeagentur von Sixt auch andere Kunden, die aufgrund der Reputation kommen.

Achten Sie deshalb darauf, mit einer guten Reputation in das Empfehlungsgeschäft zu gehen bzw. sich eine solche sorgfältig zu erarbeiten. Man wird diesen Faktor für zukünftige Geschäfte in die Gesamtbetrachtung miteinbeziehen, weil er für Vertrauen und Sicherheit förderlich ist. Gleichzeitig sollten Sie auf die Reputation Ihrer Geschäftskontakte achten: Sie setzen bei einer Empfehlung Ihr eigenes Ansehen aufs Spiel, wenn Sie einen Geschäftspartner empfehlen oder einen Tipp geben. Umgekehrt erwartet ein Partner von Ihnen überdurchschnittliche Leistungen, wenn er Sie empfiehlt. Sollte etwas schiefgehen oder unter der gesteckten Erwartung bleiben, leidet nämlich seine Reputation darunter. Insofern ist der Einsatz einer Empfehlung Chance und Risiko zugleich.

3.3 Netzwerkfähigkeiten

Beim Aufbau und der Pflege eines Netzwerks bedarf es gewisser Fähigkeiten, um sich effizient und zielgerichtet einen verlässlichen Kontaktkreis zu schaffen. In vielen Jahren der Praxis haben wir festgestellt, dass folgende Einstellungen bzw. Fokussierungen für eine Netzwerkarbeit mit belastbaren Ergebnissen sehr nützlich sind:

- **Zeitfokus:** Gehen Sie bei Veranstaltungen respektvoll mit Ihrer und der anderen Zeit um. Wenn Sie Erstgespräche ausdehnen, mag das unterhaltsam sein und gemeinsame Interessen beleuchten. Sie verpassen aber die Chance, auch andere Leute kennenzulernen. Umgekehrt können Sie in Gesprächen gefangen sein, bei denen lediglich der Gesprächspartner auf Sendung ist. Brechen Sie lieber nach einer selbst gesetzten Zeit elegant ab und vereinbaren Sie einen Gesprächstermin, falls die Person dafür infrage kommt. Andernfalls ziehen Sie sich höflich aus der Affäre und verlassen das Gespräch. Eine wertschätzende Geste zum Abschluss kann die Frage nach der Visitenkarte sein, alternativ auch die Bitte nach Vernetzung auf sozialen Medien. Vergessen Sie nicht: Zeit ist ein Gut, welches Sie nie wieder zurückbekommen. Überlegen Sie deshalb gut, wem Sie Ihre Zeit schenken.
- **Faktenfokus:** Im Gespräch merkt man oft sehr schnell, ob eine Person nur mit Worthülsen und Behauptungen arbeitet oder ob sie tatsächlich etwas beherrscht. Gezielte Fragen nach Fakten (z. B. fachlicher Hintergrund, Jahre im Business, Anzahl der Kunden, Zielgruppe bzw. Käuferschicht, Referenzen, Erfolgsgeschichten, Umsatzziel, Marge etc.) zeigen zum einen, wie sich der Gesprächspartner mit seinem Geschäft auseinandergesetzt hat, zum anderen, ob er als Geschäftskontakt überhaupt infrage kommt. Wir haben auf

Netzwerkveranstaltungen viele Blender kennengelernt, die bei der Frage nach Fakten jedoch schnell sprachlos werden.

- **Konnektivitätsfokus:** Sie kennen Ihre Kontaktsphäre und wissen deshalb am besten, vor welchen Herausforderungen Ihre Geschäftspartner derzeit stehen. Wenn sich im Gespräch mit neuen Kontakten Synergien, Problemlösungen oder neue Sichtweisen ergeben, können Sie überlegen, ob Sie den potenziellen Kontakt mit einem Ihrer Geschäftskontakte verbinden wollen. Achten Sie aber auch hierbei auf die Reputationen der beteiligten Personen. In der Regel können Sie nur bei hoher Reputation eine sofortige Verbindung herstellen. Ist die Glaubwürdigkeit des Gesprächspartners unklar, benötigen Sie ein weiteres Gespräch, das nicht im Rahmen eines Netzwerkevents stattfindet.
- **Die intuitive Komponente:** Man spricht vom sogenannten „Bauchgefühl", wenn es um die Einschätzung von Personen und Situationen geht, die faktisch nicht eindeutig belegbar sind. Es ist unserer Erfahrung nach aber tatsächlich so, dass der erste Eindruck bzw. das Bauchgefühl oft stimmt. Die Kommunikation muss Spaß machen, denn sie ist Teil der Intuition. Offenheit ist ein weiterer Beschleuniger und ermöglicht den persönlichen Informationsaustausch innerhalb weniger Minuten, wofür verschlossene Personen Wochen und Monate benötigen.

  Unser Tipp lautet deshalb: Verifizieren Sie Ihr Baugefühl anhand von Fakten. Es kann sein, dass Sympathie und Antipathie eine Rolle spielen, die unabhängig von der unternehmerischen Leistung sind. Man arbeitet ungern mit Unternehmern zusammen, die man persönlich nicht leiden mag. Das ist verständlich, weil es menschlich ist. Seien Sie deshalb menschlich und vermeiden Sie den näheren Austausch mit Kontakten, die Sie intuitiv als unangenehm empfinden. Es ist Ihre Zeit und Ihre Selbstbestimmung.

▶ **Fragen mit Nutzen: Seien Sie direkt**

Viele Menschen haben Hemmungen, im Erstgespräch mit unbekannten Menschen zu viel und zu detailliert zu fragen. Machen Sie sich deshalb Folgendes klar:

Wir befinden uns im B2B-Kontext. Fragen mit Tiefe dürfen und müssen sein, um den anderen geschäftlich einschätzen zu können. Sie sind aus diesem Grund nicht etwa unhöflich, sondern effizient und zielgerichtet. Schließlich ist es Ihre Zeit und Ihre Reputation, die Sie einbringen. An der Reaktion Ihrer Gesprächspartner erkennen Sie auch, wie professionell jemand ist und was dahintersteckt. Wenn Sie höflich sind und respektvoll mit der Zeit (der des Kontakts und Ihrer eigenen) umgehen, kann Sie niemand angreifen. Manchen Menschen ist Effizienz jedoch suspekt, weshalb Sie als verstörend in der Kommunikation empfunden werden können. Sorgen Sie sich nicht darum: Kaffeekränzchen können Sie privat abhalten.

Übrigens: Wer öffentlich und halböffentlich Privates auf seinen Social Media-Kanälen postet, sollte sich nicht wundern, im Geschäftsleben zu weit weniger privaten Dingen befragt zu werden.

Zusammenfassung

Das Kapital für Empfehlungsmarketing besteht aus Ihrem Kontaktnetzwerk, Ihrer Reputation und Ihren Netzwerkfähigkeiten. Alle drei Bestandteile lassen sich aufbauen und entwickeln, was wiederum heißt, dass jeder einmal klein anfängt. Essentiell ist jedoch das Zusammenspiel aller drei, denn nur so ist ein dauerhafter Erfolg möglich.

Literatur

Glowik, M. (2009). *Market entry strategies* (S. 42–43). München: Oldenbourg.

Misner, I. (2015). V + C does not equal P. https://www.bnipodcast.com/2015/08/19/vcp-is-not-a-formula/. Zugegriffen: 16. Nov. 2019.

Misner, I. (2018). The three phases of networking: The VCP process®. https://ivanmisner.com/three-phases-networking-vcp-process/. Zugegriffen: 16. Nov. 2019.

Suchanek, A., & Lin-Hi, N. (2018). Reputation. https://wirtschaftslexikon.gabler.de/definition/reputation-43008/version-266345. Zugegriffen: 18. Nov. 2019.

Warum Empfehlungsmarketing? 4

Nachdem wir uns mit Ihrem Umfeld als Unternehmer und den Voraussetzungen für Empfehlungsmarketing beschäftigt haben, geht es nun um die Möglichkeiten der praktischen Umsetzung. In den folgenden Abschnitten zeigen wir Ihnen, welche Gründe für Empfehlungsmarketing sprechen, welche Perspektiven sich daraus ergeben und wie Sie es anpacken können.

4.1 Lokale Präsenz aufbauen und zeigen

Empfehlungsmarketing beruht auf Beziehungen. Im Rahmen dieser Beziehungen bauen Sie sich als lokaler Unternehmer eine Präsenz auf, die Ihre Produkte und Dienstleistungen in Ihrer Person widerspiegelt. Diese Präsenz soll sich verbreiten, denn als Unternehmer wollen Sie wachsen oder zumindest einen zufriedenstellenden Status quo beibehalten. Sie benötigen also Neukunden und je nach Art Ihrer Unternehmung auch mehr oder weniger Stammkunden.

Die übliche bzw. klassische Methode besteht darin, Ihr Unternehmen unter Einsatz von finanziellen Ressourcen zu bewerben. Wenn Sie sich Gedanken zu Ihren Buyer Personas gemacht haben, können Sie zielgerichtet Werbung konzipieren und auf den passenden Kanälen (sowohl offline als auch online) schalten. Gute Werbung kostet aber auch gutes Geld. Unternehmer stellen oft fest, dass sie zehntausende und hunderttausende Euro ausgeben, um einen überschaubaren und im Falle von Offline-Maßnahmen kaum messbaren Rücklauf zu bekommen. Man macht das aber, weil man es schon immer so gemacht hat.

Wäre es aber nicht viel smarter, sich ein Netzwerk aufzubauen, in dem man mit zuverlässigen Partnern interagiert und Umsatz über Empfehlungen generiert? Denken Sie an die großen, einflussreichen, sichtbaren und nicht sichtbaren

M. Rassinger und Q. Graf Adelmann, *Empfehlungsmarketing,* essentials,
https://doi.org/10.1007/978-3-658-29307-9_4

Netzwerke in Politik und Wirtschaft: Dort wird tagtäglich vorgelebt, wie man miteinander (und auch gegeneinander) arbeitet und seine Interessen absteckt und verteidigt. Innerhalb dieser Netzwerke geht es allein um Beziehungen, die über Positionen und berufliches Fortkommen entscheiden. Da wir beim Empfehlungsmarketing ein Beziehungsgeschäft pflegen, arbeiten Stakeholder im politischen und wirtschaftlichen Kontext genauso mit Empfehlungen wie Sie es auf der unternehmerischen Ebene tun können: Nutzen Sie Ihre Kontakte und bringen Sie sich ein.

Man kann die genannten Netzwerke und deren Beziehungsgeflecht negativ und positiv sehen. Als Pessimist schimpft man dagegen und ist enttäuscht, weil man selbst nicht dazugehört oder aus Prinzip nicht dazugehören will. Als Optimist erkennt man den Nutzen solcher Netzwerke, setzt sich damit auseinander und entscheidet dann, inwieweit man partizipieren und sich als unternehmerische Person einbringen möchte. Der Großteil der Leser dieses Buches wird weder in der Politik noch auf Konzernebene, sondern als Unternehmer tätig sein. Damit entscheiden Sie selbst, wie Ihr Netzwerk aussieht und wie Sie Empfehlungsmarketing einsetzen, um unternehmerischen Erfolg zu haben. Es beginnt aber alles lokal. Zeigen Sie sich, kommunizieren Sie und seien Sie präsent.

4.2 Digitale Präsenz aufbauen und zeigen

Wer sich eine lokale Präsenz als Unternehmer aufgebaut hat, kommt heute nicht mehr um eine digitale Variante herum. Die Digitalisierung ist inzwischen so weit fortgeschritten, dass ein Unternehmen ohne digitale Präsenz kaum mehr eine Existenzberechtigung hat. Kunden suchen und informieren sich online, sodass Unternehmen von der Bildfläche verschwinden, wenn man nichts über sie finden kann. Natürlich gibt es Ausnahmen wie beispielsweise Mikro- und Mini-Gastronomie, die alleine von der Lauf- und Stammkundschaft lebt und lediglich eine entsprechend ausgestattete Betriebsstätte benötigt. Auch hier greift aber die Digitalisierung ein, denn als Betreiber einer gastronomischen Einrichtung können Sie online bewertet werden – auch, wenn Sie es nicht wollen. Viele Menschen informieren sich heute ad hoc zu einem Betrieb (Stichwort: Umkreissuche), und zwar unabhängig davon, ob sie im Umkreis wohnen oder sich nur zum Zeitpunkt der Suche in der Gegend aufhalten. Sichtbarkeit schadet deshalb nicht.

Suchmaschinen wie Google, Yelp, TripAdvisor & Co. wollen ihren Nutzern einen möglichst großen Mehrwert bieten, indem sie Bewertungen von Unternehmen durch ihre User sammeln. Dadurch wird es möglich, sich einen Überblick zu den Produkten und Dienstleistungen zu verschaffen. Wer Google Maps nutzt und auf der Suche nach einem Restaurant ist, erfährt genau, welche

Gastronomie sich in der Nähe befindet, was sie anbietet und wie Kunden sie bewerten. Unternehmen, die schlechte Bewertungen haben, verlieren Kunden an Unternehmen, die gut bewertet sind. Unternehmen, die digital gar nicht präsent sind, müssen auf den Zufall hoffen, wobei sich besonders gute oder besonders schlechte Leistungen immer herumsprechen und schließlich auch digital sichtbar werden: Jeder Nutzer kann einen Ort mit einem Unternehmen anlegen, Fotos hochladen und eine Bewertung vornehmen.

> **Wichtig zu wissen**
> Es ist möglich, Online-Bewertungen zu fälschen. Man kann dies selbst tun oder sich an Anbieter im Netz wenden, die mit falschen Profilen Bewertungen vornehmen oder als Follower auf Social-Media-Kanälen gekauft werden. In vielen Fällen können Sie beim Lesen nicht herausfinden, ob es sich um eine Fake-Bewertung handelt. Sprachmuster und Profilname geben oft Hinweise, sind aber nicht Beweis genug.
>
> Gründe für gefälschte Bewertungen sind meist das Hochjubeln der eigenen Firma, das Abwerten von Mitbewerbern bzw. unliebsamen Unternehmern oder die Steigerung der Durchschnittsbewertung bei einigen schlechten Rezensionen.
>
> Nutzen Sie deshalb den gesunden Menschenverstand, wenn Sie Bewertungen und Rezensionen studieren. Ein Tipp zu Rezensionen auf Google Maps: Beim Klick auf die rezensierende Person sehen Sie alle weiteren Bewertungen mit Ortsangaben und Fotos, falls welche hochgeladen wurden. Durch diese Transparenz – die vielen Nutzern nicht bewusst ist, weil sie die AGB nicht lesen – wird es möglich, die Person als real oder Fake einzuschätzen.

Damit Sie also nicht der Willkür und dem Zufall ausgeliefert sind, benötigen Sie eine digitale Präsenz. Dazu zählen die eigene Webseite, ein Google MyBusiness-Profil (bei anderen Suchmaschinen gibt es entsprechende Möglichkeiten), Social Media-Profile (Facebook, Instagram, YouTube, XING, LinkedIn etc.), Online-Portale, Bewertungs-Portale und vieles mehr. Spielen wir eine Digitalpräsenz am Beispiel eines Fotografen einmal durch:

Fotograf: Digitale Präsenz für Sichtbarkeit und Kundengewinnung

Eine **Webseite** gehört zum Pflichtrepertoire eines Fotografen. Er kann dort sein Portfolio im Detail zeigen, sich selbst als Person und Unternehmer darstellen, seine Leistungen benennen und verschiedene Arten der Kontaktaufnahme anbieten. Da er über ein Studio verfügt, legt er ein Google

MyBusiness-Profil an, das eine Art zweite Webseite ist, aber erweiterte Sichtbarkeits-Features anbietet: Neben dem Eintrag des Studios als Navigationspunkt auf der Karte kann er auch hier ein Portfolio seiner Arbeiten anlegen und von Kunden bewertet werden. Mit einem bildlastigen Business bieten sich **Facebook** und **Instagram** geradezu an: Der Fotograf kann hier ausgewählte Arbeiten und speziell für Social Media konzipierte Posts einstellen, verbreiten und teilbar machen, was wiederum seine Sichtbarkeit erhöht. Gleichzeitig bringt er sich ein, indem er likt, kommentiert und teilt. Es macht weiterhin Sinn, auf Business-Portalen wie **XING** und **LinkedIn** vertreten zu sein, um sich dort als Fotograf zu präsentieren. Hier sind B2B-Kontakte vorhanden, die auf der Suche nach der Dienstleistung eines Fotografen sind und sich über ein Business-Profil einen ersten Eindruck verschaffen können bzw. gezielt nach Dienstleistern suchen. Umgekehrt kann er selbst nach Kontakten fahnden (z. B. Agenturen, Creative Director), die für ihn interessant sind. Ein eigener Imagefilm findet wiederum auf **YouTube** und/oder verwandten Videokanälen statt. Online-Portale, die speziell für Fotografen konzipiert sind, ermöglichen eine weitere Darstellung unseres Fotografen im Netz. Weiterhin gibt es neben dem Google Business-Profil und den sozialen Medien explizite **Bewertungsportale,** auf denen Dienstleister und Unternehmen bewertet werden können. Es lohnt sich also auch hier, präsent zu sein und Kunden um Bewertungen nach erbrachter Leistung zu bitten.

Durch die Digitalisierung ist längst eingetreten, was in den 1990er-Jahren noch unmöglich schien: die digitale Präsenz hat in vielen Fällen die lokale Präsenz überflüssig gemacht. Nehmen Sie alleine Online-Shops und Unternehmer mit digitalen Produkten und Dienstleistungen: Konzerne wie Amazon und eBay präsentieren ihre Produkte vergleichbar einem virtuellen Schaufenster, das jederzeit und von jedem Ort zugänglich ist. Als Kunde kennen Sie weder Mitarbeiter noch Ladengeschäfte, sondern kaufen bei Vermittlern und Logistikdienstleistern ein, die sich auf Vielfalt, Kundenservice und Zahlungsabwicklung fokussiert haben. Unternehmer, die beispielsweise E-Books und Videocoachings verkaufen, benötigen ebenfalls keine lokale Präsenz, da sich alles online abspielt und solche Unternehmen dadurch erst möglich wurden.

Sie sehen daran, dass Online ohne Lokal durchaus funktioniert, der umgekehrte Fall aber nicht. Man muss sich davon verabschieden, Kunden über analoge Methoden wie vor 30 Jahren gewinnen zu können. Die Digitalisierung verändert alles, ohne Anpassung und Nutzung der neuen Medien funktioniert es nicht mehr. Unternehmensgründungen sind unter diesen Voraussetzungen gänzlich anders zu denken und zu konzipieren.

▶ **Digitale Präsenzen gehören Ihnen nicht**
Machen Sie sich bewusst, dass keine digitale Präsenz – außer Ihrer Webseite – Ihr Eigentum ist. Sie sind als Nutzer erwünscht und geduldet, weil Sie mit einer wertvollen Währung bezahlen: Ihren Daten. Jedes Unternehmen, das Ihnen Profile in der digitalen Welt bietet (z. B. Facebook und Instagram, Google, LinkedIn, XING etc.), kann jederzeit seine Dienste einstellen oder verändern. Die genannten Profilanbieter stellen ihre Leistung in der Regel kostenlos zur Verfügung. Bezahlte Upgrades schalten weitere Funktionen frei, bezahlte Werbung wird möglich. Keines dieser Netzwerke ist aber zu 100 % verlässlich, denn Sie sind Gast und revanchieren sich mit Daten und Geld für den Service. Persönliche Beziehung zum Anbieter? Definitiv nicht. Sie bekommen lediglich Netzwerkmöglichkeiten geboten. Überlegen Sie nun selbst, ob Sie voll auf solche Systeme setzen sollten oder lieber diversifizieren möchten – beispielsweise mit einem gut aufgestellten und persönlichen Empfehlungsnetzwerk als Rückgrat all Ihrer geschäftlichen Aktivitäten.

Machen Sie sich deshalb Gedanken, welche digitalen Plattformen für Sie als Unternehmer besonders geeignet sind. Sie betreiben auch hier Empfehlungsmarketing, da Sie sich neue Vertriebs- und Akquisekanäle schaffen und aufgrund Engagements, guter Bewertungen und Erfahrungen empfohlen werden können. Wir sehen die digitale Präsenz für strategisches Empfehlungsmarketing aber lediglich als Ergänzung: Persönliche und langjährige Kontakte auf regelmäßiger Basis sind nicht durch eine digitale Variante zu ersetzen. Ein gewachsenes und starkes Beziehungsnetzwerk macht alles möglich, wenn Sie wissen, was Sie wollen und sich entsprechend einbringen.

▶ **Denkfehler vermeiden: 5 Sterne sind nicht 5 Sterne**
Wenn eine Currywurstbude an einer Hauptverkehrsstraße nebst Baustelle mit 5 Sternen bewertet wird, heißt es nicht, dass deren Currywurst die beste Wurst der Nation ist. Es heißt nichts anderes, als dass Bauarbeiter und Laufkundschaft gerne Currywurst essen und bei einer ordentlichen Portion, solidem Geschmack und deftiger Currynote bereit sind, 5 Sterne zu geben. Der kulinarische Erfahrungsschatz eines hungrigen Bauarbeiters entspricht jedoch nicht automatisch der Realität aller Menschen. Für die einen ist es 5-Sterne-Küche, für die anderen Fast Food, das den Hunger lediglich für einige Stunden stillt. 5 Sterne sind also objektiv nicht wie bare Münze zu nehmen, sondern nur die Währung in einem bestimmten Netzwerkkreis.

Überträgt man dies auf Empfehlungsmarketing, muss man sein Netzwerk auf den Prüfstand stellen und andere Netzwerke aufsuchen, um einen Vergleichsmaßstab für die eigene Währung zu bekommen. Die Grenze eines Netzwerks zu kennen, bedeutet auch, sie regelmäßig zu überschreiten und die eigenen Kontaktkreise zu durchbrechen. Es empfiehlt sich deshalb, in mehreren unterschiedlichen Netzwerken vertreten zu sein, um die Grenzen von Zeit zu Zeit auszutesten.

4.3 Influencer

Mit dem Aufkommen von Social Media hat sich auch der Begriff des Influencers entwickelt. Personen, die als Influencer gelten, haben eine dominante digitale Präsenz aufgebaut, die es ihnen ermöglicht, von sehr vielen Menschen (sogenannte Followern) gesehen und gehört zu werden, also eine hohe Reichweite zu erzielen. Beschränkte es sich in den Anfängen auf Bilder und Texte als Medien der Vermittlung, sind inzwischen Videos und Podcasts der Standard. Influencer betreiben eine spezielle Form des Empfehlungsmarketings: Sie etablieren sich als Meinungsbildner, entwickeln eine Reputation und können sich selbst und eigene sowie fremde Produkte monetarisieren. Wenn ein Influencer Empfehlungen für Produkte ausspricht oder sich selbst als Promoter an Unternehmen verkauft, sind sein Ansehen und seine digitale Präsenz der kaufauslösende oder meinungsbeeinflussende Reiz. In vielen Fällen funktioniert das außerordentlich gut, denn Menschen sind interessiert an anderen Menschen, in die man oft eigene Wünsche, Sehnsüchte oder einfach das Verlangen nach Entertainment hineinprojiziert. Influencer sind deshalb eine Marktmacht geworden, die inzwischen Star-Status erlangt haben und ausgezeichnet von ihrem Marketing leben können.

Wer in erfolgreiche Influencer investiert und sie als Meinungsbildner nutzt, nimmt eine Investition für die Zukunft vor. Influencer, die heute zwischen 15 und 35 Jahren alt sind, unterliegen wie alle Menschen der Alterung. Sie nehmen auf diesem Weg aber ihre ebenfalls alternden Fans bei der Entwicklung mit. Genauso verhält es sich mit Netzwerken: es handelt sich um dynamische Gruppen mit Fluktuation, die einer kontinuierlichen Veränderung unterliegen. Influencer sind als Gewinner aus der Digitalisierung hervorgegangen und profitieren von Veränderungen. Es ist daher nicht falsch, Influencer auch als Netzwerker zu betrachten.

Warum aber den Influencer nicht einmal aus Ihrer Perspektive betrachten? Als Unternehmer, der Empfehlungsmarketing betreibt, sind Sie bereits ein Influencer. Sie agieren dabei lediglich in einem kleineren und persönlichen Rahmen. Dazu kommt, dass Ihr Netzwerk deutlich belastbarer und dauerhafter als das eines digitalen Influencers ist: Sowie seine Reichweite sinkt, er von anderen Influencern überholt wird oder die digitalen Plattformen ihre Spielregeln ändern, hat das unmittelbaren Einfluss auf sein Netzwerk und damit auch auf seinen Umsatz. Sie sind dagegen unabhängig, weil Ihr Netzwerk aus persönlichen Beziehungen besteht und einen immateriellen Vermögenswert darstellt. Dazu kommt, dass Empfehlungsmarketing auf Geben und Nehmen basiert. Ein digitaler Influencer sorgt zwar im besten Fall für Unterhaltung und Information, aber er nimmt deutlich mehr: Ihre Zeit und letztendlich Ihr Geld. Beides sind Dinge, die man nur begrenzt hat, denn auch Geld ist endlich.

Denken Sie also beim strategischen Empfehlungsmarketing daran, dass Sie ein Influencer sind. Ihre Geschäftskontakte in Ihrem Netzwerk wissen, was Sie tun und wofür Sie stehen. Sie gehen sogar noch weiter als digitale Influencer, denn Sie beeinflussen sowohl als Gebender als auch als Nehmender. Welcher Influencer von beiden nachhaltiger handelt, dürfte nun klar sein.

4.4 Unternehmensgröße ist kein Kriterium

Empfehlungsmarketing hat einen entscheidenden Vorteil: Sie können es nahezu unabhängig von der Größe Ihres Unternehmens einsetzen. Ob Sie eine One-Man-Show sind oder hunderte von Mitarbeitern haben, spielt zunächst keine Rolle. Sie haben ein Produkt oder eine Dienstleistung, die für eine Kundengruppe nützlich oder sogar notwendig ist. Damit gehen Sie neben dem Kapital für Empfehlungsmarketing (Netzwerk, Reputation, Netzwerkfähigkeiten) ins Rennen. Auf zielgerichteten Netzwerkveranstaltungen erweitern Sie Ihr Kontaktnetzwerk und machen sich bekannt. Das kann einige Zeit (unserer Erfahrung nach mehrere Jahre) dauern, erweist sich aber als nachhaltig und effektiv.

Wollen Sie effizient und mit System vorgehen, lohnt sich der Eintritt in passende Netzwerke. Das können Wirtschafts- und Interessenverbände, Clubs, Parteien, Vereine und weitere Organisationen sein. Eine der strukturiertesten und effizientesten Arten, Empfehlungsmarketing zu betreiben, ist das Business Network International (BNI) von Dr. Ivan Misner, den wir zu Beginn und in Kap. 3 beim VCP-Prozess (Abschn. 3.1) bereits erwähnten. Hier treffen sich Unternehmer, Inhaber und Führungskräfte wöchentlich in einer Runde von 30 bis 60 Menschen mit vorgegebener Agenda bei einem Zeitfenster von 90 Minuten, das strukturierte Netzwerkarbeit möglich macht. Die Organisation ist konsequent für strategisches Empfehlungsmarketing ausgelegt und betreibt den gegenseitigen Empfehlungsaustausch in Reinkultur. Besonders erwähnenswert sind die Branchenexklusivität, die Messung des Erfolgs in Form von KPIs, die Philosophie und der Grundwert des „Givers Gain“ sowie die Möglichkeit, in einem Team persönlich und mit seinem Unternehmen zu wachsen. Es gibt viele Beispiele von Unternehmern, die bei BNI klein anfingen und groß wurden, weil sie dort die richtigen Kontakte fanden.

Wer Struktur, Verantwortung und Verpflichtung ablehnt, sollte jedoch nicht zu BNI oder ähnlichen Netzwerken gehen, denn anders als beim Wunschkonzert zählt hier das Geben zum Tagesgeschäft – die Öffnung des eigenen Netzwerks für andere.

4.5 Akquise erweitern

Wer Empfehlungsmarketing betreibt, erweitert automatisch sein Akquisefeld. Betrachten Sie es im Vergleich zu bezahlter Werbung: Bei Print-Werbung bekommen Sie ein einmaliges und flüchtiges Ergebnis, dessen Auswirkung kaum messbar ist. Dazu ist die Zielgruppe der Publikation bereits vorgegeben. Bei Online-Werbung können Sie immerhin die Zielgruppe definieren und die Ergebnisse messen. Dennoch sind Sie bei beiden Formaten festgelegt und haben keinerlei Wirkung, sowie Sie den Geldbeutel nicht mehr öffnen.

Die Akquisemöglichkeiten erweitern sich durch Empfehlungsmarketing in qualitativer Sicht enorm, denn Sie werden persönlich von Leuten empfohlen, die genau wissen, was Sie tun und anbieten. Die Quantität von Print und Online erreichen Sie nicht, aber das wollen Sie meist auch nicht. Quantität bedeutet Masse, und die ist nur bei bestimmten Produkten und Dienstleistungen nötig.

Sie verfügen dagegen über Beziehungen zu Geschäftspartnern, von denen jeder ein eigenes Netzwerk hat (siehe auch Kap. 3). Dadurch erweitert sich das Akquisepotenzial, denn durch Ihre Kontakte sind Sie auch bei deren Kontakten im Spiel, sowie sich ein Bedarf oder ein Geschäftspotenzial ergibt. Vorausgesetzt natürlich, Ihre Geschäftspartner verfügen über ein ähnlich starkes und selektiertes Netzwerk wie Sie. Durchforsten Sie einmal Ihr Adressbuch und zählen Sie alle Kontakte zusammen, die sich für Empfehlungsmarketing eignen. Wenn Sie davon ausgehen, dass Ihre Geschäftskontakte ebenso viele geeignete Unternehmer kennen, kommen Sie in der Summe auf eine erstaunlich hohe Zahl.

4.6 Kontaktnetzwerk erweitern

Die leichteste Übung beim Empfehlungsmarketing ist die Erweiterung des eigenen Kontaktnetzwerks. Bei Veranstaltungen kommen Sie automatisch in Kontakt mit neuen Personen und können über die Art und Weise der Vernetzung entscheiden. Soziale Medien machen es neben der klassischen Visitenkarte leicht, sich nach Veranstaltungen zu verbinden. Zur Vorgehensweise möchten wir Ihnen aber einige Tipps geben:

- **Zu viele Kontakte senken die Qualität:** Wenn Sie bedingungslos Visitenkarten einsammeln und Kontaktanfragen auf Sozialen Medien stellen, verlieren Sie schnell den Überblick. Bereits *vor* Beginn der Veranstaltung sollten Sie wissen, mit wem Sie worüber sprechen wollen. Selektieren Sie deshalb von Anfang an, wen Sie in Ihren Kreis aufnehmen. Eine Hilfe zur Einteilung kann die dreistufige Kontaktkategorisierung (Abb. 4.1) sein.
- **Berücksichtigen Sie Fakten und Ihre Intuition:** Sie sollten nur Personen für Ihr Netzwerk berücksichtigen, bei denen die Fakten stimmen und das Bauchgefühl nicht rebelliert.
- **Achten Sie auf Ihre Privatsphäre:** Auch wenn Sie sich gut unterhalten und anschließend auf Sozialen Netzwerken verbunden haben, sollten Sie auf die Privatsphäre achten. Geben Sie zunächst nur die minimalen Daten auf Ihren Profilen frei. Eine Erweiterung kann immer noch folgen. Oder geben Sie im realen Leben bei unbekannten Personen private Dinge sofort preis?

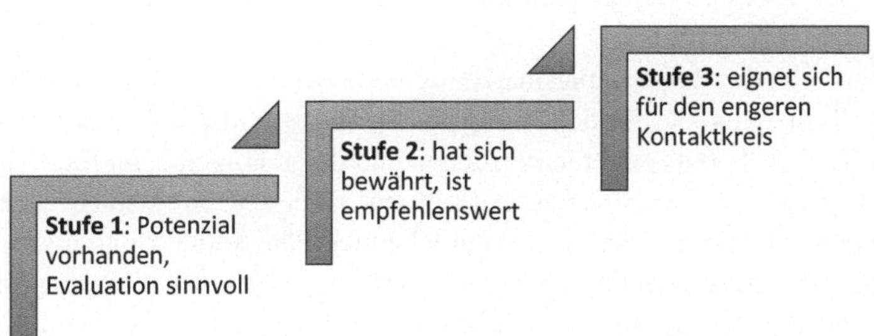

Abb. 4.1 3-Stufen-Modell zur Kategorisierung von Kontakten für das eigene Netzwerk. Michael Rassinger, Quirin Graf Adelmann. Die dreistufige Kontaktkategorisierung erlaubt es, das Netzwerk in Prioritätsstufen einzuteilen. Als höchste Stufe (hier nicht abgebildet) betrachten wir den engsten Kontaktkreis, der in aller Regel aus nicht mehr als 10 bis 15 Kontakten besteht

- **Scannen Sie Visitenkarten noch am selben Tag:** Schnell entstehen Berge oder Schuhkartons voller Visitenkarten. Erfassen Sie wichtige Karten sofort, tragen Sie Kommentare ein und legen Sie die Karten dann ab.
- **Visitenkarte: ja oder nein?** Sie werden manche Unternehmer treffen, die über keine Visitenkarte verfügen und oft stolz darauf sind. Die Vernetzung ist dann nur digital über Portale oder deren Webseite möglich. Im Zeitalter des schwindenden Papierkonsums mag das in Ordnung sein. Sie dürfen aber nicht vergessen, dass eine gute Visitenkarte durch Haptik und Design im Gedächtnis bleibt. Digital ist an dieser Stelle zwar ökonomisch, aber unsexy. Für den einen oder anderen Empfänger stellt es sogar ein Zeichen von Unhöflichkeit dar.
- **Nachfassen:** Nach einem guten Gespräch sollten Sie sich unbedingt in Erinnerung bringen und nach Bedarf ein zweites Treffen vereinbaren. Das bringt drei Vorteile mit sich: 1) Sie lernen die Person besser kennen. 2) Sie ermitteln das Potenzial für Ihr Netzwerk. 3) Sie prüfen, ob Ihr Sinn für Fakten und Intuition sich bewährt hat.
- **Konsequent aussortieren:** Einmal pro Jahr ist Zeit für einen ausgiebigen Hausputz. Prüfen Sie Ihr Kontaktnetzwerk daraufhin, mit welchen Kontakten Sie die meiste Zeit verbracht haben. Kontakte ohne Belang entfernen Sie oder verschieben diese zumindest in einen Ordner mit geringer Priorität. Sie erleichtern es sich auf diese Weise, die Qualität Ihres Netzwerks zu steigern: Die wichtigsten Kontakte nehmen oft die meiste Zeit ein. Widmen Sie sich diesem engsten Kontaktkreis am ausführlichsten.

4.7 Empfehlungen geben und erhalten

Für Menschen, die Empfehlungsmarketing betreiben, ist das Geben und Nehmen eines der Prinzipien, das für den Erfolg ausschlaggebend ist. Wir haben im dritten Kapitel (Kap. 3) bereits extreme Positionen und deren Folgen beim Empfehlungsgeschäft genannt. Zusammenfassend führen beide zu Problemen, denn der ausschließlich Gebende erhält nichts zurück und erfährt keine ökonomische Wertschätzung, der ausschließlich Nehmende wird nur begrenzte Zeit mit Empfehlungen versorgt werden, bevor es aufgrund von Einseitigkeit zu einem Abbruch kommt.

Für ein ausgewogenes und sinnstiftendes Empfehlungsmarketing sind im Grunde nur wenige Dinge zu beachten. Die Voraussetzungen wurden in Kap. 2 und 3 bereits genannt. Die Umsetzung lässt sich nun sehr einfach beschreiben:

Hören Sie zu und memorieren Sie, was Ihr Empfehlungsmarketing-Netzwerk bietet und sucht. Kommunizieren Sie an Ihr Empfehlungsmarketing-Netzwerk, was Sie bieten und suchen. Bringen Sie das, was Sie gehört haben und über die Personen wissen, in Einklang mit dem, was Ihre weiteren Kontakte und Netzwerkpartner bieten und suchen. Sie erkennen damit den Bedarf von anderen und können Empfehlungen geben. Umgekehrt werden Sie empfohlen, wenn ein Geschäftskontakt Potenzial für Sie ermittelt hat.

> **Wichtig zu wissen** Empfehlungsmarketing kann in Einzelfällen vollkommen ausreichend sein, um den Lebensunterhalt zu bestreiten bzw. ein Unternehmen am Laufen zu halten. Wir sind jedoch der Ansicht, dass es sich um einen Pfeiler handelt, der alleine noch kein Haus stützt. Als Unternehmer, die Empfehlungsmarketing seit vielen Jahren betreiben, erwirtschaften wir zwischen 5 und 30 Prozent unseres Jahresumsatzes durch Empfehlungen. Unser Marketing ist diversifiziert und nicht abhängig von einem Netzwerk oder einer Organisation. Dennoch betrachten wir unser engstes Netzwerk (entspricht der Stufe 3+ in Abb. 4.2) mit den wichtigsten und profitabelsten Kontakten als den eigentlichen Kern für unser Geschäft. Empfehlungsmarketing ist die smarteste und effektivste Variante für Kundengewinnung, aber nicht unsere einzige. Ansonsten würde eine Art der Abhängigkeit entstehen.

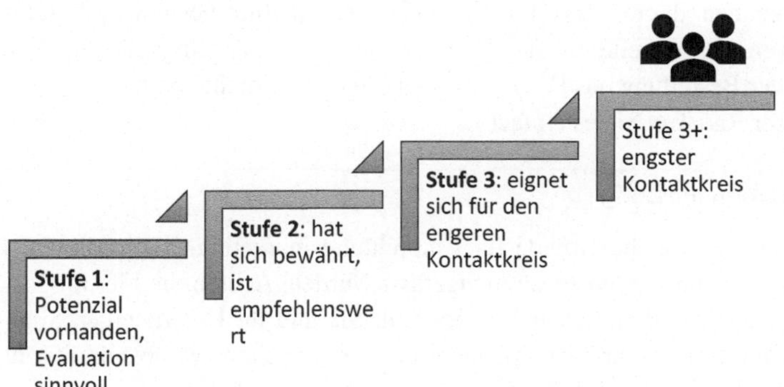

Abb. 4.2 3-Stufen-Modell zur Kategorisierung von Kontakten für das eigene Netzwerk, Variante mit Stufe 3+. Michael Rassinger, Quirin Graf Adelmann

4.8 Für Kunden zum Problemlöser werden

Empfehlungsmarketing bedeutet nicht nur Umsatz durch Empfehlungen zu geben oder zu machen, sondern auch seinen Kontakten und Kunden einen Gefallen zu tun. Nehmen wir ein aktuelles Beispiel aus Deutschland: Es ist derzeit extrem schwierig, zuverlässige Handwerker zu bekommen. Die Auftragsbücher sind voll, der Nachwuchs bleibt aus, gute Qualität und Zuverlässigkeit gehören nicht zum Alltag. Wenn Sie nun bei einem Ihrer Kontakte oder Kunden den Bedarf erkannt haben und in Ihrem Empfehlungsmarketing-Netzwerk ein passendes Handwerksunternehmen kennen, lösen Sie ein Problem. Die Medaille hat in diesem Fall drei positive Seiten:

1. Sie tun beiden beteiligten Parteien einen Gefallen und sorgen für Umsatz. Man spricht über Sie.
2. Da Ihre Reputation beteiligt ist, empfehlen Sie nicht irgendein Unternehmen an irgendeine Person, sondern einen überdurchschnittlichen Dienstleister an einen wertgeschätzten Kontakt.
3. Der Handwerker vertraut auf Ihre Empfehlung, kann aufgrund Ihrer Reputation weniger formal handeln und bekommt seine Leistung in der Regel schneller vergütet.

Eine bekannte Weisheit lässt sich somit treffend umformulieren:

> „Tue Gutes und lass andere darüber reden."

Sie erkennen daran, dass konsequentes und qualitätsbewusstes Empfehlungsmarketing nur Vorteile mit sich bringt. Scheuen Sie allerdings die jahrelange Vorarbeit der Bestellung des Feldes, werden Sie keine Früchte ernten.

Unser Rat: Tun Sie es einfach.

Zusammenfassung

Es gibt zahlreiche Gründe für Empfehlungsmarketing, die in diesem Kapitel mit Praxisbeispielen zusammengefasst wurden. Achten Sie hier immer darauf, ob jeder Grund und jedes Vorgehen für Sie und Ihr Unternehmen Sinn macht. Je nach Branche und Unternehmer reichen oft schon zwei bis drei Gründe, um sich auf strategisches Empfehlungsmarketing zu fokussieren.

5 Grenzen des Empfehlungsmarketings

Empfehlungsmarketing stößt immer dann an Grenzen, wenn Produkte und Dienstleistungen auf Masse bzw. stark skalierbar konzipiert werden oder die Vertriebswege von vorneherein rein digital gedacht sind. In diesen Fällen ist das Marketing so großflächig angelegt, dass ein persönliches Empfehlungsnetzwerk zwar nützlich sein kann, im Vergleich zu anderen Maßnahmen aber eine zu geringe Relevanz hat, um den Zeitaufwand zu rechtfertigen. Nehmen Sie als Beispiel das Video-Coaching im zweiten Kapitel (Abschn. 2.1): Ein digitales Produkt, das analog empfohlen wird, hat über Empfehlungsmarketing weniger Durchschlagskraft als wenn es in Form der eingesparten Ressourcen (Zeit und Geld) auf digitalen Kanälen beworben wird.

Nicht zuletzt aus diesem Grund verweigern sich viele Digitalunternehmer dem Thema Empfehlungsmarketing von Unternehmer zu Unternehmer. Sie entscheiden für sich, dass diese Art von Empfehlungen für ihren Marketing-Mix nicht ausschlaggebend ist. Grenzen des Empfehlungsmarketings entstehen aber dann, wenn die Unterscheidung zwischen unmittelbarem und mittelbarem Umsatz nicht klar ist. Bei Circula, einem Start-up für Reisekostenabrechnung, kostet die Software für jeden Nutzer 6 EUR pro Monat. Es nützt also nichts, im eigenen Netzwerk möglichst viele Nutzer einzusammeln, da der Umsatz nicht relevant ist. Allerdings entsteht durch die verschiedenen Nutzer aus dem Netzwerk verwertbares Feedback, das zeigt, ob das Produkt funktioniert und wo nachgearbeitet werden muss. Netzwerke sollten also nicht nach dem direkten Umsatzpotenzial ausgewählt werden, sondern nach dem Nutzen, den sie für den Unternehmer bringen. Man sieht daran auch, dass die Grenze von Empfehlungsmarketing das Netzwerk selbst ist, weil es in sich begrenzt ist. Deshalb ist es essentiell, mehrere Netzwerke zu nutzen und ihre jeweiligen Stärken zu kennen.

M. Rassinger und Q. Graf Adelmann, *Empfehlungsmarketing*, essentials,
https://doi.org/10.1007/978-3-658-29307-9_5

Worauf nahezu kein Unternehmer verzichten will, sind Empfehlungen in der Form von Bewertungen und Testimonials. Nahezu jede Landingpage für Produkte und Dienstleistungen arbeitet mit Aussagen von Kunden, die Vertrauen beim potenziellen Kunden herstellen sollen. Diese Art von Empfehlungsmarketing ist im Vertrieb schon länger bekannt, indem zufriedene Kunden gebeten werden, eine Empfehlung (=Testimonial) für das Unternehmen auszusprechen oder aktiv nach Neukunden zu suchen. Eine aktuelle Aktion[1] von Miles & More, dem Vielflieger- und Prämienprogramm der Lufthansa, belohnt Kunden bei der Vermittlung von Kreditkarten mit bis zu 12.000 Prämienmeilen. Bei mehr als 20 Mio. Teilnehmern weltweit (Miles & More GmbH 2019) ist klar, dass Empfehlungsmarketing nach unserer Definition (Kap. 2) in dieser Größenordnung keinen Sinn macht.

Weitere Grenzen und Hindernisse können wie folgt bestehen:

- Strategisches Empfehlungsmarketing erfordert Disziplin und Struktur bei vergleichsweise hohem Zeitaufwand. Wer diese Anstrengung scheut, wird wenig oder keinen Erfolg haben.
- Je größer eine Firma wird, desto höher ist der Aufwand für die Selbstverwaltung. Entscheider haben oft nicht genügend Zeit für qualitätsbewusstes Empfehlungsmarketing oder sind nicht trainiert darin, effizient zu netzwerken.[2]
- Empfehlungsmarketing wird (außer im Vertrieb) an Ausbildungsstätten wie Universitäten und Hochschulen nicht gelehrt. Absolventen sind deshalb weitgehend ahnungslos, wie Netzwerke und Empfehlungen ein Unternehmen weiterbringen können.
- Trotz aller Sorgfalt bei der Auswahl der Netzwerkpartner kann es vorkommen, dass Empfehlungen nicht zu Umsatz führen. Empfehlungsmarketing bietet hohe Erfolgschancen, ist aber keine 100 %-Lösung.
- Empfehlungsmarketing ist ein people-to-people-business. Wer sich ungern mit anderen Menschen unterhält und austauscht, wird wenig Spaß und Erfolg mit der Netzwerkarbeit haben. Damit sind die Aussichten auf neues Geschäft eher gering.

Literatur

Miles & More GmbH. (2019). https://www.miles-and-more.com/de/de/general-information/help-and-contact/help/number-of-members.html. Zugegriffen: 21. Nov. 2019.

[1]Entdeckt am 20. November 2019.

[2]Einer der Autoren dieses Buches beschäftigt über 700 Angestellte und findet durch effektives Zeitmanagement genügend Zeit für Netzwerkarbeit und Empfehlungsmarketing.

6 Anwendung von Empfehlungsmarketing in der Praxis

Wir geben nun einige Beispiele für Empfehlungsmarketing, die sich real zugetragen haben und veranschaulichen, wie Empfehlungen funktionieren.

Praxisbeispiele

Beispiel 1: Sportler-PR

Eine Empfehlung einer Webagentur aus dem Jahr 2019 benannte als Kunden einen Sportler, für den der Content einer neuen Webseite erstellt werden sollte. Im Gespräch stellte sich heraus, dass weder professionelle Bilder und Videos noch Merchandising-Artikel existierten. Daher wurden aus der einen Empfehlung drei weitere Empfehlungen generiert: an einen Fotografen, einen Filmer und einen Werbeartikel-Hersteller. Für die Webdesign-Agentur wurde der Auftrag noch größer, da die Webseite an Umfang zunahm. Insgesamt konnte für die Netzwerkpartner eine mittlere fünfstellige Summe als Umsatz erzeugt werden, die allein deshalb zustande kam, weil man den Bedarf beim Kunden erkannt hatte und sofort passende Dienstleister empfehlen konnte.

Beispiel 2: Software as a Service (SaaS)

In der Öffentlichkeitsarbeit sind digitale Tools unverzichtbar, um für Kunden einen Mehrwert zu erzeugen. Die Anschaffung einer teuren SaaS-Lösung stand an, war aber anhand des Bedarfs der bestehenden Kunden ökonomisch noch nicht sinnvoll. Durch einen Netzwerkkontakt, der um das Dilemma wusste, konnten innerhalb weniger Tage acht Unternehmen als Kunden gewonnen werden, die den Einsatz des Tools refinanzierten und in die Gewinnzone führten.

M. Rassinger und Q. Graf Adelmann, *Empfehlungsmarketing,* essentials,
https://doi.org/10.1007/978-3-658-29307-9_6

Beispiel 3: Grundstückskauf

Will man in Berlin und anderen Städten eine neue Immobilie über den Makler kaufen, ist das ungünstig, da dieser seine Angebote breit streut. Bewegt man sich aber in den Netzwerken von Ingenieuren, Sachverständigen und Vermessern, wird eine Information über künftige Projektentwicklungen bereits Monate früher bekannt. Damit entsteht ein Marktinformationsvorsprung (Wettbewerbsvorteil), der ohne das Netzwerk nicht möglich wäre. In der Praxis konnte so ein 30.000 Quadratmeter großes Grundstück zum Bodenrichtwert eingekauft und zum dreieinhalbfachen Preis weiterverkauft werden. Der Gewinn ist einzig und allein dem funktionierenden Netzwerk zuzuschreiben.

Beispiel 4: Erwerb einer Immobilie

Ein Mitarbeiter hörte bei einem Kneipengespräch in einer Facility-Manager-Runde zufällig, dass der Ankauf eines großen Künstlerateliers unerwartet schwierig sei, weil eine Subventionsstelle als Käufer sehr langsam arbeite. Daraufhin konnte der Kontakt zum Eigentümer hergestellt und das Haus innerhalb kürzester Zeit erworben werden. Dieses langfristige Immobilieninvestment wurde nur durch ein effizientes Netzwerk möglich, das kleine Details wahrnimmt und an die richtigen Adressaten weitergibt.

Fazit

7

Empfehlungsmarketing ist eine der elegantesten und nützlichsten Methoden, um Kunden zu gewinnen, Netzwerkpartner zu empfehlen, den Umsatz zu erhöhen und die Reputation langfristig und nachhaltig zu steigern. Der Zeitaufwand für strategisches Empfehlungsmarketing ist – besonders zu Beginn – hoch, die Effektivität und der Umsatz steigen aber von Jahr zu Jahr. Kern dieser Geschäftsstrategie als Teil des Marketing-Mix ist ein starkes und verlässliches Netzwerk, das kontinuierlich gepflegt werden muss. Daraus erwachsen Wettbewerbsvorteile, die direkt und indirekt zum Umsatz und Imagegewinn beitragen.

Für kleine und mittlere Unternehmen ist Empfehlungsmarketing die ideale Möglichkeit, um auf lokaler, regionaler und überregionaler Ebene Geschäfte zu machen, sich als Marke zu etablieren und sich selbst immer wieder einzuordnen. Bei größeren Unternehmen sind dieser Art von Empfehlungsgeschäft gewisse Grenzen gesetzt, die aber nicht in Stein gemeißelt sind. Wichtig ist jedoch, den Kerngedanken des Gebens und Nehmens nicht zu vergessen. Empfehlungsmarketing appelliert an die klassischen Kaufmannstugenden, die den „Ehrbaren Kaufmann" zum Leitbild haben (Lin-Hi 2018). Wertebasiertes Handeln mit den Schlagwörtern Ehrlichkeit und Verlässlichkeit spielt auch heute eine immer größere Rolle für Unternehmen. Wer den Zusammenhang zwischen Netzwerken, Empfehlungen und Beziehungen zwischen Geschäftspartnern verstanden hat und für sich umzusetzen weiß, wird mit Empfehlungsmarketing großen Erfolg haben.

Literatur

Lin-Hi, N. (2018). Ehrbarer Kaufmann. https://wirtschaftslexikon.gabler.de/definition/ehrbarer-kaufmann-53804/version-276871. Zugegriffen: 21. Nov. 2019.

M. Rassinger und Q. Graf Adelmann, *Empfehlungsmarketing*, essentials,
https://doi.org/10.1007/978-3-658-29307-9_7

Was Sie aus diesem *essential* mitnehmen können

- Strategisches Empfehlungsmarketing erzeugt vielfältigen Mehrwert
- Starkes Netzwerk als Empfehlungskapital
- Empfehlungsmarketing schafft Wettbewerbsvorteile
- Langfristiger Beziehungsaufbau stabilisiert vor äußeren Einflüssen
- Netzwerken fördert Denken und Führen „out of the box"

M. Rassinger und Q. Graf Adelmann, *Empfehlungsmarketing*, essentials,
https://doi.org/10.1007/978-3-658-29307-9